질 들뢰즈의 『마조히즘』 읽기

마조히즘이라는 기이한 현상을 통해 살펴본
성과 사랑과 자연의 정체

세창명저산책_078

질 들뢰즈의 『마조히즘』 읽기

초판 1쇄 인쇄   2020년 11월 23일
초판 1쇄 발행   2020년 11월 30일

—

지은이   조현수
펴낸이   이방원
기획위원   원당희
편   집   안효희 · 김명희 · 정조연 · 정우경 · 송원빈 · 최선희 · 조상희
디자인   손경화 · 박혜옥 · 양혜진   **영   업**   최성수   **마케팅**   이예희

—

펴낸곳   세창미디어

　　　　신고번호 제312-2013-000002호   **주소** 03735 서울시 서대문구 경기대로 88 냉천빌딩 4층

　　　　전화 723-8660   **팩스** 720-4579   **이메일** edit@sechangpub.co.kr   **홈페이지** http://www.sechangpub.co.kr

　　　　블로그 blog.naver.com/scpc1992   **페이스북** fb.me/Sechangofficial   **인스타그램** @sechang_official

—

ISBN   978-89-5586-641-4   02180

이 도서의 국립중앙도서관 출판예정도서목록(CIP)은 서지정보유통지원시스템 홈페이지(http://seoji.nl.go.kr)와
국가자료종합목록 구축시스템(http://kolis-net.nl.go.kr)에서 이용하실 수 있습니다.(CIP제어번호: CIP2020048396)

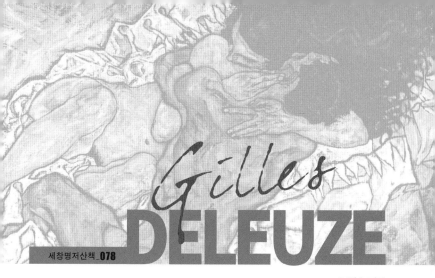

Gilles
DELEUZE

세창명저산책_078

조현수 지음

질 들뢰즈의 『마조히즘』 읽기

마조히즘이라는 기이한 현상을 통해 살펴본
성과 사랑과 자연의 정체

세창미디어
MEDIA

| CONTENTS |

이 책의 논의 과제와 순서

1. 들뢰즈의 『마조히즘』이라는 책

들뢰즈의 책 『마조히즘』의 불어 원제는 실은 '자허-마조흐 Sacher-Masoch에 대한 소개'이다. 자허-마조흐란 '마조히즘'이라는 이름을 낳은 장본인의 이름(성씨)으로서, 이제부터는 일반적인 관행이 그렇게 하고 있듯이 그의 이름을 '마조흐'라고 간단히 줄여서 부르도록 하겠다. 들뢰즈의 이 책은 겉으로는 19세기에 활약했던 소설가 마조흐의 작품세계를 조명해 보는 듯한 형식을 취하고 있지만, 실은 이러한 문학작품의 분석을 통해 '마조히즘'이라는 기이한 정신병리적 현상의 정체가 무엇인지를 규명하려는 시도를 담고 있다. 그러므로 이 책의 우리말 번역이나 영어 번역은 둘 다 이 책을 '마조히즘'이라는 제목으로 옮기고 있으며, 따라서 우리도 여기에서 이 관행을 따르려 한다.

마조흐는 19세기 오스트리아-헝가리 이중 제국 치하의 동유럽에서 주로 활동했던 저명한 소설가이자 역사학자, 민속학자였으며, 그의 소설은 당대에 유럽 전역을 넘어 심지어 미국에서까지도 꽤 높은 인기를 끌었다. 그는 알려진 것만 해도 4명의 여인과 심각한 연애생활을 경험하였으며, 그가 실제로 가지고 있었던 기이한 성적 취향이나 그의 연인들과 나눴던 기이한 사랑의 방식 등은 그의 소설들에서 묘사되고 있는 상황 속에서 충실하고 풍부하게 반영되고 있다. 나중에 우리는 그의 소설 속에 나타나는 상황들에 대한 분석을 통해 그에게서 발견되는 이러한 취향이나 사랑의 방식이 무엇을 의미하는지를 해명하려 할 것이다. 하지만 살아생전 높은 인기를 구가하던 그의 명성은 그의 말년으로 접어들자 눈에 띄게 급속히 쇠락하게된다. 사람에게 가장 가슴 아픈 일 중의 하나는 자신이 일생 동안 쌓아 올린 소중한 것이 말년에 이르러 아무런 의미도 남기지 못한 채 완전한 망각 속으로 파묻혀 가는 것을 지켜보게 되는 것일 게다. 마조흐는 자신의 작품들이 맞게 된 이 가혹한 운명을 무기력하게 지켜볼 수밖에 없는 자신의 처지를 한탄하면서 쓸쓸히 죽어 가야 했다. 공교롭다고 해야 할지, 자신의 전 철학적 활동 기간 동안 언제나 마조히즘의 의미를 추구하는 데 깊이 천착해 왔으며 그리하여 마침내 마조흐의 작품들을 망각의 늪에서 구해 내는 데 성공한 들뢰즈가 죽기 딱 100년 전인 1895년의 일이었다.

들뢰즈는 마조흐의 작품들에 각별한 중요성을 부여한다. 그는 우선 이 작품들의 예술적 성취를 높이 평가한다. 그의 소설들은 그것들에 필적할 수 있는 다른 예들을 찾아보기 힘들 만큼 높은 수준의 미스테리한 긴장감을 유지하고 있으며, 환상과 서스펜스의 기법을 사용하는 데 있어서 문학이 도달할 수 있는 최고의 경지가 무엇인지를 보여 주고 있다는 것이다. 하지만 이러한 예술적 차원의 성취 이상으로 중요한 것은 그의 소설들이 다루고 있는 사상적 주제이다. 그의 작품들은 우리 인간을 짓누르고 있는 범죄와 고통에 대해서 말한다. 하지만 이 범죄와 고통의 잔인함 아래에는 그보다 더 깊은 비밀이 숨어 있으니, 그 비밀이란 대★자연의 차가움이자 얼어붙을 듯 차가운 엄격한 어머니의 이미지이며, 이러한 비밀이 곧 우리 인간 모두가 처한 가장 근본적인 운명이다. 하지만 동시에 자신의 아들을 차갑고 매몰차게 대하는 이 어머니란 곧 우리를 새로운 인간으로, "성적 사랑과 욕망으로부터 벗어난, 그리하여 돈, 재산, 국가, 싸움, 노동 등으로부터 완전히 벗어난"[1] 새로운 인간으로 거듭날 수 있게 해 주는 것이다.[2]

대체 이것이 무슨 소리인가? 따뜻하고 눈물겨운 어머니가 아니라 얼어붙을 듯 차가운 어머니라는 게 대체 무슨 말인가? 이러한 어머니로 인해 우리가 '성적 사랑과 욕망 등으로부터 벗

---

[1] 이 말은 마조흐가 자신의 형제에게 보내는 편지에서 이야기하고 있는 말이다. — PSM, p.87([英] p.100)를 참조하라[들뢰즈의 책 『마조히즘(Présentation de Sacher-Masoch)』을 PSM으로 약칭하고, 인용하거나 참조할 경우 불어 원본의 쪽수를 먼저 밝히고 영어 번역본의 쪽수를 병기한다. 현재 나와 있는 우리말 번역본은 문제가 너무 많기 때문에 사용하지 않는다].

[2] 말해 두어야 할 한 가지 중요한 사실이 벌써 등장하고 있다. 일반적으로 사람들은 마조히스트란 주로 여자일 것이라고 생각하는 경향이 있다. 사람들이 이렇게 생각하는 이유가 무엇인지는 누구나 짐작할 수 있을 것이다. 그리고 같은 이유로 인해, 사람들은 사디스트란 주로 남자일 것이라고 생각하는 경향이 있다. 하지만 마조흐나 들뢰즈가 다루는 마조히스트란 남성-마조히스트, 즉 '엄마에 대한 **아들**'이 될 수 있는 **남자** 마조히스트이다. 마조흐나 들뢰즈는 여성-마조히스트에 대해서는 이야기하지 않는다. 물론 이것이 여성-마조히스트란 존재하지 않는다는 것을 말하는 것은 아니다.

어난' 새로운 인간으로 거듭나게 된다는 것은 또 무슨 소리인 가? 대체 이와 같은 것들이 기이한 불미스러움으로 가득 차 있는 듯한 이 마조히즘이라는 현상과 무슨 상관이 있다는 것이며, 어째서 마조히즘을 이해하려는 데 있어서 의학적·과학적 연구가 아니라 한낱 허구에 불과할 수도 있는 마조흐의 소설을 끌어들이는 것인가? 마조히즘에 대한 들뢰즈의 이해를 소개하려 하는 이 책은 바로 이 마지막 문제를 다루는 데서부터 시작할 수 있을 것이다.

2. 예술과 철학의 관계

마조히즘에 대한 들뢰즈의 이해는 새로운 사유를 개척해 가려 하는 철학이 어떻게 문학과의 조우를 통해 자신의 이러한 사명을 실행해 나갈 수 있는지를 모범적으로 보여 준다. 예술과의 긴밀한 공조를 통해 이루어진 들뢰즈의 이러한 철학적 작업에서, 우리는 철학과의 공조가 가능하게 되는 예술의 효용이 무엇인지에 대해, 또한 예술로부터 그토록 큰 도움을 얻을 수 있음에도 불구하고 철학은 어떻게 해서 ―혹은 어떻게 해야지만— 결코 예술로 환원되지 않을 자신만의 고유한 길을 열어 갈 수 있는지에 대해 알 수 있게 된다고 생각한다.

마조히즘을 이해하는 표준적인 방식을 제공하는 것은 프로이트 정신분석학의 개념들이다. 그런데 들뢰즈는 마조히즘의 세계를 문학적으로 형상화한 마조흐의 작품들에서, 마조히즘을 구성하는 핵심 증상들의 실상이 이러한 정신분석학적 개념들의 지배력에 저항한다는 사실을 발견해 낸다. (마조흐의 작품들은, 이러한 들뢰즈의 **발견**이 있기 전까지는, 오히려 이러한 정신분석학적 개념들의 정당성을 입증해 주는 사례가 될 수 있는 것들로 간주되어 왔다. 그러므로 마조흐의 작품들이 정신분석학적 개념들에 저항한다는 **사실**은, 들뢰즈의 이러한 발견이 있고 난 이후에야, 비로소 그러한 **사실**이 될 수 있었던 것이다.) 들뢰즈에 따르면, 예술의 힘은 기존 관념들에 의해 가려져 있던 현상의 진실을 새롭게 직시할 수 있는 데 있으며, 이렇게 직시한 진실을 풍부하고 극적인 방식으로 드러낼 수 있는 데 있다. 들뢰즈는 마조흐의 작품들을 이러한 예술의 힘을 성공적으로 구현한 모범적인 사례들로 높이 평가하며, 그의 작품들에서 기술된 마조히즘의 증상들이 정신분석학적 개념들에 의해 잘 설명될 수 없다는 사실을 이 개념들의 정당성을 의심할 수 있게 하는 이유로 받아들인다. 과학(학문)과 예술의 분리, 혹은 진리와 미美의 분리는 서양 근대 이후 확고하게 굳어져 온 일반적인 전통으로 자리 잡고 있지만, 또한 이 분리의 속뜻이 솔직하게 말하는 것은, 예술이라는 것이 제아무리 고유한 가치를 지닌 것인 양 대단하게 굴어도 사태에 대한 과학적 인식(참된 인식)에는 하등 참여할 수 있는 권한이나 능력이 없다는 것이다. 그러나 들뢰즈가 볼 때, 예술의 효용은 과학적 인식에 개입하여 그것의 정당성을 문제 삼는 데까지 나아갈 수 있다. 예술은 단순히 '미의 추구'일 뿐인 것이 아니라 '진眞에 대한 소명'도 과학과 함께 공유할 수 있는 것이다.

하지만 예술의 역할은 여기까지다. 마조히즘이라는 현상과 관련해, 이 현상의 증상들을 선입견에 의한 왜곡 없이 있는 그대로 드러내는 '참된 증상론'이 되는 것은 마조흐의 문학작품이라는 예술이 맡을 수 있는 역할이지만, 그다음부터는 철학이 나서야 한다. 즉 이 증상들의 모습을 진실하게 기술記述하는 것에 만족하는 것이 아니라 그렇게 기술된 증상들의 의미를 이해할 수 있게 하는 개념을 제공하는 일, 기존 개념들이 이 증상들의 의미를 결코 참되게 이해할 수 없었던 근원적인 이유가 무엇인지를 밝히는 일, 그리하여 이러한 증상들이 발생하는 진정한 원인이나 이유가 무엇인지를 밝히는 일, 이것들은 이제 철학이 책임져야 할 일들인 것이다. '증상론으로서의 예술'은 '설명의 부담'을 지지 않기에, 바로 이러한 자유로 인해, 선입견에 의한 왜곡 없이 사태를 참되게 기술할 수 있는 가능성을 얻을 수 있게 되는 것일 테다. 하지만 이러한 자유와 진실의 힘을 얻기 위해 예술이 내려놓은 저 '설명의 책임'을 다시 지는 것, 그것이 철학이 감당해야 할 일이다. 요컨대, 예술이 '참된 증상론'이 되는 것을 지향하는 것이라면, 철학의 역할은 '참된 원인론'이 되는 데 있다. 즉 예술의 역할이 미리 설정된 논리에 따라 억지로 꿰맞추는 일 없이, 있는 그대로의 모습대로 숨김없고 가감 없이 증상에 대해 말하는 것이라면, 그리하여 증상의 모습을 왜곡하고 자유롭게 말하지 못하게 만들던 선입견을 폭로하고 정화시키는 것이라면, 철학의 역할은 이제 문제 되는 증상이 발생하는 원인이나 이유가 무엇인지를 밝히고, 그럼으로써 이 증상이 내포하고 있는 진정한 의미가 무엇인지를 찾아내는 것이다. '거짓된 원인론'은 그것의 개념의 경직성으로 인해 증상론의 입을 틀어막고 질식시키려 하겠지만, '참된 원인론'은 증상론이 자유롭게 말한 모든 것을 자신 속에 끌어안을 수 있을 것이다. 마조히즘에 대한 들뢰즈의 새로운 이해는 바로 이러한 '참된 원인론'이 될 것을 지향한다. 그것은 마조흐의 예술이 수행한 증상론의 도움을 받아, 정신분석학의 개념이 낡고 거짓된 원인론을 제시하고 있음을 폭로하고 이에 대비되는 새롭고 참된 원인론을 제시하려 하는 것이다. 그러므로 우리는 먼저 마조흐의 소설들이 제시하는 '참된 증상론'을 살펴본 다음, 들뢰즈가 제시하는 '참된 원인론'을 살펴보는 순서로 나아갈 수 있을 것이다.

이어지는 본론에서 상세히 다루어져야 할 것이지만, 들뢰즈의 대단히 중요한 주장 한 가지만 미리 소개하고 시작하도록 하자. 이 주장이란 마조히즘은 사디즘의 **반대**가 **결코 아니**라는 것이다. 이 주장이 대단히 중요한 이유는, 짐작할 수 있겠지만 들뢰즈 이전에는 모든 사람들이 거의 예외 없이 마조히즘을 사디즘과 반대되는 것이라고 생각해 왔기 때문이며, 지금도 여전히 수많은 정신의학자를 비롯한 많은 사람들이 그렇게 생각하고 있기 때문이다. 다시 말해, 전문가라는 사람들을 포함한 대부분의 사람들이 지금도 여전히 마조히즘과 사디즘을 하나의 공통된 중심축을 가운데 두고 서로 마주 보는 반대 방향에 위치하고 있는 것으로, 그리하여 어느 하나가 이 중심축을 따라 회전하면 반대 방향에 있는 다른 하나와 그대로 겹쳐질 수 있는 것으로 생각하고 있다. 마조히즘에 대한 들뢰즈의 해석은 누구도 의심하지 않던 이 오래된 신화의 허구성을 깨뜨리려 하는 것이며, 바로 여전히 수많은 정신의학자와의 격렬한 논쟁을 부르게 될 이러한 도전을 통해 마조히즘에 감춰진 엄청난 비밀을 드러내려 하는 것이다. 이 비밀이 어떤 것이며 어떤 방식으로 자신을 드러내는지를 추적하는 것, 이것이 우리가 쓰는 이 책의 과제이다.

I.

마조히즘의 증상론:

'엄마의 세 가지 이미지'라는 환상

1. 마조흐의 소설들: 참된 증상론의 시작

사람들의 머릿속에서 마조히즘은 쉽게 사디즘sadism과 짝지어진다. 이 둘은 서로에 대해, 말하자면 대칭적인 관계에 있는 것처럼 보이는 것이다. 하나는 자기가 남으로부터 받는 고통에 의해서 성적 쾌락을 맛볼 수 있게 되는 것 같으며, 다른 하나는 그와 반대로 자기가 남에게 고통을 주는 것에 의해서 성적 쾌락을 맛볼 수 있게 되는 것처럼 보인다. 고통과 쾌락의 이와 같은 기이한 동거, 서로에 대해 반대되는 그 성질로 인해 서로 한 몸으로 같이 공존하기 어려워 보이는 이 두 가지 성질이 이처

럼 하나로 결합되어 나타난다는 것은 다른 심리적 성향들에서
는 찾아보기 어려운 이상한 특성이다. 그런데 마조히즘과 사디
즘은 그들 이외의 다른 심리적 성향들은 갖고 있지 않은 이 이
상한 특성(고통과 쾌락의 결합)을 그들 둘만이 한통속인 양 공유하
고 있는 것이다. 이 같은 사실로부터 사람들은 마조히즘과 사
디즘이 실은 같은 하나의 범주로 묶일 수 있는 것이며, 그리하
여 어느 하나의 정체를 알게 되면, 곧 그것을 반대로 뒤집는 것
에 의해, 다른 하나의 정체도 곧바로 알 수 있게 되는 것으로 생
각하게 된 것이다.

　많은 사람들이 갖고 있는 이 같은 생각은, 사디즘이라는 말
을 낳은 장본인인 사드Sade의 악명 높은 소설 『소돔 120일』에서
그것을 확증해 주는 결정적인 증거를 찾을 수 있는 것으로 보
인다. 이 소설이 그리고 있는 사디스트sadist는 또한 마조히스트
masochist이기도 한 것처럼 보인다. 이 소설 속의 사디스트는 자
신이 고통을 가한 희생자들에게 나중에는 거꾸로 자기 자신이
고문당하고 모욕당하는 것을 즐긴다. 그는 자신이 남에게 고통
을 가하는 것을 좋아하는 것만큼이나 남이 자신에게 가하는 고
통을 받는 것도 좋아하는 것이다. "나의 변태성으로 인해 결국

더러운 짐승처럼 그 방종에 걸맞은 대가를 치르게 되었으면 좋겠어. 나에게는 교수대라는 섬세한 축복의 옥좌가 어울릴 거야."³ 이처럼 같은 한 사람이 때로는 사디스트이자 때로는 마조히스트가 되기도 한다는 것, 이것은 마조히즘과 사디즘이 실은 동일한 하나의 실체가 서로 다른 두 가지 방식(측면)으로 표현되는 것이라는 것을 말해 주는 것처럼 보인다. 마치 시소의 양편처럼, 한 편이 올라가면(나타나면) 다른 한 편이 내려가지만(사라지지만), 결국에는 이 양편이 같은 하나의 몸체를 이루도록 서로 이어져 있듯이, 마조히즘과 사디즘은 그렇게 같은 하나의 몸체로 이어져 있는 것의 두 가지 서로 다른 표현방식일 수 있다는 것이다.

마조히즘과 사디즘이 실은 동일한 하나의 실체의 두 가지 표현방식이라는 이러한 생각을 표현하기 위해, 사람들은 '사도-마조히즘sado-masochism'이라는 개념을 사용한다.⁴ 정신분석학의

---

3 *PSM*, p.45([英], pp.38-39)에서 재인용.

4 미국 심리치료 협회(American Psychiatric Association)에서 발간된 자료(*Diagnostic and Statistical Manual of Mental disorders*, 2000)를 보면, 아직도 주류 정신의학계에서는 여전히 이 '사도-마조히즘'이라는 생각을 고수하고 있음을 알 수 있다.

창시자 프로이트 역시 많은 사람들이 공유하고 있는 이 '사도-마조히즘'이라는 개념을 받아들이고 있으며, 또한 그 자신의 이론을 통해 이 개념의 정당성을 한층 더 공고히 가다듬어 나가려 한 사람이다. 그의 『성에 대한 3편의 에세이』(1905)에서 프로이트는 다음과 같이 말한다. "성관계 시時에 고통을 가하는 것에서 쾌락을 얻을 수 있는 사람은 또한 자신이 느낄 수 있는 고통 역시 즐길 수 있다. 사디스트는 언제나 동시에 마조히스트인 것이다. 물론 이 두 성향 중의 어느 한 편이 우세하게 나타나 그의 성생활을 그 편으로 치우치도록 특징지을 수 있기는 하지만 말이다." 10년 뒤에 나온 「본능과 본능의 변화」(1915)라는 논문에서도 똑같은 생각이 더욱 발전되어 '사디즘으로부터 마조히즘으로의 전환'이 —혹은, 그 반대 방향으로의 전환이— 어떻게 이루어질 수 있는지를 설명하려 한다.[5] 이 논문에서의 주장

---

[5] 「본능과 본능의 변화」의 독일어 원제목은 'Triebe und Triebshichsale'이다. 잘 알려져 있는 논쟁적 문제, 즉 프로이트의 Trieb을 '충동(drive)'으로 옮겨야 할 것인가 아니면 '본능(instinct)'으로 옮겨야 할 것인가 하는 논란을 우리도 알고 있다. 라캉(Lacan)의 설득력 있는 지적이 있은 이후로, 이 Trieb은 '본능'이 아니라 '충동'을 의미하는 것으로 이해되어야 한다고 주장하는 견해가 우세하다는 것 또한 우리는 알고 있다. 하지만 영어 표준판 번역자는 'instinct'으로 옮기고 있으며, 프로이트 전집의 한글 번역본에서도 이 영어 번역을 좇아 '본능'으로 옮기고 있다. 우리는 필요할 때를 제

에 따르면, 사디스트란 자신이 겪는 고통이 쾌락을 가져올 수 있다는 사실을 먼저 스스로 체험할 수 있었기 때문에, 다른 사람에게 고통을 가하는 것에서 쾌락을 얻을 수 있는 사디스트가 되는 것이다. 물론 10년 전의 글에서는 사디즘이 마조히즘보다 앞서는 것이라고 말하고 있는 것처럼 보이는 반면, 10년 후의 이 글에서는 오히려 마조히즘이 사디즘보다 앞서는 것이라고 말하고 있는 것처럼 보이는 차이가 있다. 하지만 프로이트는 두 가지 종류의 사디즘을 구분한다. 즉 '사디즘'이라는 말은 두 가지 의미를 가질 수 있다는 것이다. 첫째, '사디즘'이라는 말은 단순히 다른 사람을 제압하려 하는 '공격성'을 나타내 보이는 것을 의미할 수 있다. 둘째, '사디즘'이라는 말은 이와 같은 단순한 '공격성'을 의미하는 것을 넘어, 이러한 공격성이 다른 사람에게 가하는 고통에서 성적 쾌락을 얻으려 하는 성향을 의미할 수도 있다. 본연의 의미의 사디즘은 두 번째 것을 말하는 것일 게다. 사디즘을 이처럼 두 가지의 것으로 구분함으로써, 프

외하고는 이 한글 번역본의 번역을 따르려 한다. 나중에 우리는 우리가 '충동' 대신 '본능'이라는 말을 선택하게 된 이유가 무엇인지를 해명할 수 있게 될 것이다.

로이트는 어떻게 사디즘이 마조히즘보다 선행하며, 또한 이처럼 선행하는 사디즘으로부터 어떻게 마조히즘이 차후에 발생되어 나올 수 있는지를 다음과 같은 순서로 설명한다. 순서 ① 먼저 주체는 타인을 공격하려 하는 사디즘의 성향을 갖고 있다('공격성'이라는 의미의 사디즘 단계). → 순서 ② 원래 자신 밖의 타인을 향하던 것인 이 공격성이 주체 자신에게로 되돌아와 주체 자신에게 고통을 가하게 되고,[6] 여기에서 주체는 자신이 겪는 고통이 곧 쾌락이 될 수 있다는 것을 알게 되는 '마조히즘적 체험'을 하게 된다(마조히즘 단계). → 순서 ③ 이러한 마조히즘적인 체험으로부터, 타인에게 고통을 가함으로써 성적 쾌락을 얻으려 하는 사디즘적 성향이 발생하게 된다(본연의 의미의 사디즘 단계).

나중에 우리가 마조히즘의 증상론을 넘어 그것의 발생원인이 무엇인지를 규명하는 원인론(병인론)에 대해 논의하게 될 때, 우리는 마조히즘을 '사디즘의 방향전환'에 의해 ─즉 원래 타인을 향하던 주체의 사디즘적 공격성이 주체 자신에게로 되돌아

---

6 공격성의 이러한 '되돌아옴'의 이유에 대해서는 나중에 설명하게 될 것이다.

오는 방향전환에 의해ー 발생하는 것으로 설명하려 하는 프로이트의 이러한 논리가 어떻게 전개되는지에 대해 보다 상세하게 설명하게 될 것이다. 그렇지만 우리가 지금 말한 것만으로도 충분히 다음과 같은 것을 알 수 있을 것이다. 즉 마조히즘을 사디즘의 방향전환에 의해 발생하는 것으로 설명하려 하는 프로이트의 논리는, '고통과 쾌락의 결합'이라는 같은 속성을 이 두 가지(사디즘과 마조히즘)가 공유하고 있다는 사실에 기반하고 있는 것이다. 다시 말해, 마조히즘을 사디즘의 방향전환이라고 이해하는 논리는, 마조히즘에서 나타나는 '고통-쾌락(고통과 쾌락의 결합)'이 사디즘에서 나타나는 '고통-쾌락'과 **서로 같은 것**이라고 가정하고 있기 때문에 가능할 수 있는 것이다. 그런데 들뢰즈는 프로이트의 논리를 떠받치고 있는 기반이 되는 바로 이 가정을 의심한다. 사람들은 이 가정을 의심의 여지가 없는 확실한 사실이라고 생각하지만, 들뢰즈에 따르면, 이 사실이란 실은 이미 잘못된 선입견으로 인해 크게 비뚤어져 있는 눈에 의해 그렇게 보이는 것일 뿐이며, 마조히즘에 대한 증상론을 ―그러므로 또한 마조히즘에 대한 병인론을― 그토록 엉터리가 되도록 망쳐놓고 있는 결정적인 주범이 되는 것이 바로 여기에 있는 것이다.

앞에서 언급한 사드의 소설에서 사람들은 '사디스트가 곧 마조히스트가 될 수 있음'을, 즉 마조히즘이란 사디즘의 방향전환에 의해 발생할 수 있음을 보았다고 생각할 것이다. 사드는 분명히, 남에게 고통을 가하는 것을 즐기는 사디스트가 또한, 반대로 남에게 자기가 고통당하는 것을 즐기는 자가 될 수 있음을 보여 주고 있다. 하지만, 들뢰즈는 묻는다. 사디스트가 결국에는 남에게 고통당하는 것을 즐기는 자가 된다는 것이 정말로 '그(사디스트)가 마조히스트가 된다는 것'을 의미하는 것일까? 사디스트는 왜 나중에 가서, 처음에 자신이 가졌던 태도와는 반대되게, 오히려 자신이 남에게 고통당하는 것을 즐기게 되는 것일까? 사드의 소설은 이에 대해 분명히 말한다. 사디스트의 이러한 태도전환은 결코 그가 남에게 저질렀던 악행(고통을 가했던 것)을 용서 받기를 원하는 '속죄의 욕망'을 가지고 있기 때문에 생기는 것이 아니다. 즉 사디스트가 나중에 가서 자신이 남에게 고통당하게 되는 것을 좋아하게 되는 것은, 그것이 그의 저와 같은 '속죄 욕망'을 충족시켜 주는 것이 되기 때문이 아니다. 사디스트가 이처럼 '고통 받는 것'을 좋아하게 되는 것은 오히려 그에게 주어지는 이러한 고통이, 그가 남에게 가했던 고통이 '정말로 제대로 된 고통'이었음을 확인해 주는 증거가 되기 때문이고, 그의 악행의 제대로 됨(제대로 악행됨)을 이 증거가 이처럼 확실하게 확인해 주는 것을 그가 즐거워하기 때문이다. 즉 사디스트는, 남이 자신에게 되돌려주는 고통이 크면 클수록, 그가 남에게 가했던 고통이 정말로 큰 고통이었음을 확신할 수 있으며, 그렇기 때문에 남이 자신에게 가하는 고통이 크면 클수록 그 고통을 더욱더 즐거워하게 되는 것이다. 그러므로 사디스트는 자신에게 가해지는 고통을 통해 자신의 악행을 속죄하고 있는 것이 아니라 오히려 그것을 확인하고 즐거워하고 있는 것이다. 다시 말해, 사디스트는 자신에게 가해지는 고통을 즐기고 있을 때도 마조히스트로 전환된 것이 아니라 여전히 사디스트로 남아 있는 것이다. 사드의 소설은 사디스트가 마조히스트로 전환되는 것을 보여 주고 있는 것이 아니라 사디스트가 '얼마나 불변적으로 철저하게 사디스트적일 수 있는지'를 보여 주고 있는 것이다.

반면, 나중에 이에 대해 더 자세히 설명해야 하겠지만, 마조히스트가 남에 의해 자신이 고통받게 되는 것을 즐기는 것은,

그 고통이 그가 가진 '속죄 욕망'을 충족시켜 주는 것이 되기 때문이다. 그러므로 사디스트가 설령 그가 받는 고통 속에서 쾌락을 느끼게 된다 할지라도, 그에게서 나타나는 이러한 '고통-쾌락(고통과 쾌락의 결합)'은 마조히스트에게서 나타나는 '고통-쾌락'과 그 실상이 전혀 다르다. 사디스트에게 가해지는 고통이 그에게 쾌락이 되는 것은 그가 **속죄하지 않기** 때문이지만, 반면 마조히스트에게 가해지는 고통이 그에게 쾌락이 되는 것은 그가 **속죄하기** 때문이다. 마조히즘이 '사디즘의 방향전환'에 의해 발생하게 되는 것이라고 생각하게 되는 것은, 마조히즘과 사디즘이 '고통-쾌락'이라는 **공통의 중심축**을 함께 공유하고 있다고 생각하기 때문이며, 이들이 이 공통의 중심축을 기준으로 해서 서로 반대 방향에서 마주 보는 대칭적인 관계를 형성하고 있다고 생각하기 때문이다. 하지만 고통이 쾌락이 되는 이유가 사디스트와 마조히스트에게서 이처럼 서로 다르다면, 이들을 서로에 대해 이와 같은 대칭적인 관계에 있게 해 줄, 그리하여 어떤 하나의 방향전환에 의해 다른 하나가 발생할 수 있게 해 줄, '고통-쾌락'이라는 공통의 중심축이란 실은 존재하지 않는다. 마조히즘과 사디즘은 '고통-쾌락'이라는 같은 속성(공통적 속성)

을 공유하고 있는 것이 아니라, 각자 서로 다른 '고통-쾌락'을 가지고 있는 것이다.

그러므로 마조히즘에 대한 참된 증상론을 위해서는 마조히 즘과 사디즘이 함께 공유하고 있는 공통적 속성('고통-쾌락'이라 는 공통적 속성)이라는 미망으로부터, 이 잘못된 선입견이 걸어놓 은 주술적 마취로부터 벗어날 수 있어야 한다. 들뢰즈에 따르 면, 마조흐의 소설들이 가지는 중요성이 바로 여기에 있다. 그 의 소설들이 예술적으로 형상화해서 표현하고 있는 마조히즘 에 대한 통찰은 '사도-마조히즘'이라는 잘못된 통일체 밑에 실 은 두 개의 서로 전혀 다른 이질적인 세계(마조히즘과 사디즘)가, 그러한 통일체로 통합되는 것이 도저히 불가능할 정도로 서로 전혀 다른 두 개의 독립적인 세계가 존재한다는 것을 보여 주 고 있다. 마조히즘의 진실을 밝히기 위한 첫걸음이 될 참된 증 상론, '사도-마조히즘'이라는 선입견에서 벗어나지 못하고 있 는 주류 정신의학이 망쳐놓고 있는 이 첫걸음을, 의사들의 과 학이 아닌 소설가 마조흐의 예술이 오히려 제대로 내딛고 있는 것이다.

2. 마조흐 소설 속의 세 여인

마조흐 소설들에 등장하는 다양한 여주인공들은 하나같이 '신체적으로 풍만하고 근육이 잘 발달된 상태이며, 자신만만하고 도도한 성격 속에 오만한 의지와 잔인한 성향을 지닌, 그러면서도 다른 한편으로는 부드러움과 자연적 순박성을 보여 주는' 공통된 성격을 지니고 있다. "궁중의 공주이든 농부의 여식이든, 고급 담비모피를 입었건 아니면 싼 양가죽을 뒤집어썼건, 남자를 자신의 노예로 만드는 이 여인, 모피를 두르고 있으며 채찍을 휘두르는 이 여인은 언제나 내가 창조해 낸 나의 피조물이면서 동시에 진정한 사르마탄sarmatan 여인이라고 할 수 있다."[7] 그런데, 조금 더 깊이 들여다보면, 다소 이중적인 듯 보이는 이러한 속성을 모두 공통적으로 소유하고 있는 듯한 이 여인들 사이에서도, 다시 서로 다른 세 가지 유형의 구분이 발견된다.

첫 번째 유형의 여인은 사랑과 미를 위해 살며 영원이 아닌

---

7 *PSM*, p. 42([英], p. 47).

순간을 위해 산다. 감각적이며 관능적인 이 여인은 자신이 마음에 드는 남자를 사랑하며, 언제든 자신이 사랑하는 남자에게 자신을 내어 준다. 이 여인은 (남자에 대한) 여자의 독립성과 사랑의 짧음(순간적임)을 주장하며, 남녀의 평등을 주장한다. 이 여인은 결혼이니 도덕이니 교회니 국가니 하는 것들이란 남자들이 여자들을 억압하기 위해 놓은 덫이며 없애버려야 마땅할 것들이라고 주장한다. 마조흐의 소설 『모피를 입은 비너스』의 여주인공 완다Wanda는 이렇게 말한다. "그리스적인 청명한 관능성이야말로 내게 있어서 어떠한 고통도 없는 완전한 기쁨, 내 삶을 통해 내가 실현하고픈 이상理想이에요. 기독교가 설교하는 사랑 같은 건 난 믿지 않아요. 나를 봐요. 이단보다도 더 지독한 존재인 이 이교도를 …" "성스러운 의식이니 설교니 계약이니 하는 것들, 사람의 삶에 있어서 많고 많은 변하는 것들 중에서 가장 쉽게 변하는 것인 사랑 속에 영속성을 들여놓기 위해 시도되고 있는 이 모든 것들, 이것들은 몽땅 실패할 거예요." 이 여인은 남성적인 질서, 즉, 부권父權적 질서와 그것을 나타내는 모든 것을 뒤엎으려 한다. 이러한 여인의 이미지를 마조흐는 '이교도 여인, 그리스적 여인, 창녀, 아프로디테, 혼돈(무질서)

을 초래하는 여인' 등으로 부른다.

이 첫 번째 유형의 여인의 반대편에, 즉 가운데 있는 두 번째 유형의 여인을 사이에 두고 첫 번째 유형의 여인을 마주 보고 있는 반대편에, 세 번째 유형의 여인이 있다. 그녀는 사디즘적인 여인으로서, 자신의 연인을 고문하는 것을, 즉 이 연인에게 고통을 가하는 것을 좋아한다. 그런데 그녀가 이렇게 하는 것은 주로 어떤 제3의 남자의 부추김을 받아서이거나, 혹은 적어도 이 남자와의 긴밀한 공모관계 속에서이다. 마조흐는 이 제3의 남자를 '그리스 남자' 혹은 '아폴론'이라 부른다. 『모피를 입은 비너스』의 여주인공인 완다는 처음에는 첫 번째 유형의 여인으로 시작하였다가, 나중에는 이 세 번째 유형의 사디즘적인 여인으로 끝난다. 이처럼 결국 사디즘적인 여인으로 변해 버린 그녀는 자기의 연인이자 마조히스트였던 남자 주인공 세베린을 홀로 남겨둔 채 이 제3의 남자(아폴론)와 떠나게 된다.

그런데 들뢰즈에 따르면, 마조흐의 이상적인 여인상을 나타내는 것은 이 두 가지 유형의 여인이 아니라 그들 사이의 가운데에 있는 두 번째 유형의 여인이다. 마조흐의 다른 소설들에서와 마찬가지로 『모피를 입은 비너스』에서도 이 점은 분명하게 나타난다. 이 소설의 여주인공 완다는 첫 번째 유형의 여인으로 시작해서 세 번째 유형의 여인으로 끝나지만, 핵심적인 것은 완다가 이 두 여인 사이에 있는 두 번째 유형의 여인의 모습을 유지할 수 있는 동안 일어난다. 가운데에 놓인 이 두 번째 여인을 둘러싸고 있는 첫 번째와 세 번째 여인은, 말하자면 그들 가운데에서 불안정하고 위태로운 중심을 유지하고 있는 이 두 번째 여인이 자칫 자신의 균형을 잃을 때 어느 한 쪽으로 퇴락해 가게 되는 양극단을 나타내고 있는 것이다. 첫 번째 여인의 단계에서 마조히즘의 세계는 아직 시작되지 않았으며, 세 번째 여인의 단계에서 마조히즘의 세계는 이미 끝나 사라져 버린 것이다.

그렇다면 이 두 번째 여인, 마조히즘의 세계를 성립시키는 데 핵심적인 역할을 하는 이 여인이란 대체 어떤 여인인가? 감각과 관능의 창녀(첫 번째 여인)도 아니며, 또한 잔인한 사디스트적인 여인(세 번째 여인)과도 다른 이 두 번째 유형의 여인은 어떤 특성을 가지고 있는가? '뚜렷한 용모에 준엄한 기운을 풍기며 차가운 눈빛을 발산하는 위압적인 풍모의 여인. 하지만 자신의 어린 새끼들에 자애로운 여인', '몽골 사막의 타타르 여인이나 인디언 여인을 닮았으며, 비둘기의 부드러운 심장과 고양잇 과科 동물들의 잔인한 본성을 동시에 소유하고 있는 여인', '동 물을 고문하거나 학대하는 것을 즐기며 사람의 처형 장면을 보 고 싶어할 뿐만 아니라 집행하는 데 직접 참여하고 싶어하기 도 하는, 그렇지만 이러한 특이한 기호에도 불구하고 결코 난 폭하거나 엽기적이지 않으며 오히려 이성적이며 부드럽고 친 절하고 섬세하며 순정한 감성을 지닌sentimental …', '부드럽고 명 랑하며, 그렇지만 엄격하고 차가우며 고문(학대)의 달인이기도 한 … 그녀의 아름다운 얼굴이 분노의 화염으로 붉게 달아오를 때, 하지만 그녀의 깊고 푸른 눈은 부드럽게 빛나고 있었다.' 이 러한 것이 마조흐가 이 두 번째 유형의 여인을 묘사하는 방식 이다.

이 두 번째 여인은 엄격하고 잔인하며 차가우면서도 또한 동 시에 부드럽고 따뜻하며 관대한 면모를 지닌, 정신적 양면성을 보여 주고 있다. 또한 그녀는 아름다운 용모와 자태의 육체적 아름다움을 지녔지만, 그녀의 이러한 육체적 매력은, 남자가 이런 것에 이끌려 그녀에게 접근하는 것을 불허不許하는 탈육체 적이고 탈관능적인 차갑고 순정한 감성적sentimental 차원의 매력으로 변모되고 있다. 그러므로 들뢰즈는 '차가움-모성적임(모성적인 부드러움과 따뜻함)-준엄함'이라는, 혹은 '냉정함-순정한 감성-잔인함'이라는, 어찌 보면 서로 화합하기 어려워 보이는 세 가지 특성이 하나로 어울려 일체를 이룬 것이야말로 이 두 번째 여인을 특징짓는 특성이라고 주장한다. 바로 이 두 번째 여인의 이러한 차가움과 탈관능적인 순정한 감성sentimentality,[8] 이것이 그녀를 첫 번째와 세 번째의 관능적인 뜨거움의 여인들로부터 구분짓는 가장 뚜렷한 특징이 되는 것이다.

마조히즘의 세계를 가능하게 하는 진정한 요인인 이 두 번째 유형의 여인, 마조흐가 그의 소설들을 통해 마조히스트가 추구하는 이상적인 여인상으로 그리고 있는 이 두 번째 여인인 그녀가 가진 차가움은 그녀에게서 그녀의 육체적·관능적 매력을 지우며 —즉 그녀의 관능적인 뜨거움을 식히며— 또한 그럼

---

8 들뢰즈는 첫 번째와 세 번째 여인의 특성인 육체적 관능성과 대비되는 두 번째 여인의 특성을 가리키기 위해 'sentimental'이라는 말을 쓴다. 그는 두 번째 여인의 이 sentimental한 특성이 관능성과 대비되는 성격의 것임을, 즉 탈관능적인(suprasensual) 성격의 것임을 분명히 말하고 있다. — *PSM*, p.45([英] p.51) 참조. 이러한 의미를 가진 이 'sentimental'이라는 말을 우리말로 옮기자면 어떻게 해야 할까? 우리는 여기에서 '순정한 감성'이라는 말을 택했다. 하지만 앞으로 필요하다면 그냥 '센티멘탈'이라고 말하는 경우도 있을 것이다.

으로써, 이 여인의 성적 파트너인 남자(마조히스트)로부터 이 여인의 육체적·관능적 매력을 감각적으로 탐하려 하는 그의 성적 욕망(육욕) 역시 지워지도록 만든다. 이에 대해서는 나중에 자세하게 살펴보게 될 것이다. 자신의 성적 파트너인 남자(마조히스트)의 성적 욕망을 얼어붙게 만드는 이 여인의 이러한 서슬 퍼런 차가움, 바로 육체적·관능적 차원을 넘어선 이 여인의 순정한 감성적 면모로부터 퍼져 나오는 이러한 차가움이, 그녀에게 아직도 성적 욕망(육욕)으로 접근하려 하는 ―즉 아직도 여전히 성적 욕망(육욕)에서 벗어나지 못하고 있는― 남자 파트너를 준열하게 질책하는 엄격함으로, 그에게서 이러한 성적 욕망이 사라지도록 그를 (채찍을 휘둘러) 고문하고 학대하고 매질하는 잔인함으로, 나타나게 되는 것이다. '차가움'과 '잔인함'은 이렇게 해서, 다른 한편으로는 틀림없이 부드럽고 자애로운 면모 역시 지니고 있는 이 여인 속에서 일체를 이루도록 서로 결합한다. 이리하여 들뢰즈는 자신의 책에 '차가움과 잔임함coldness and cruelty'이라는 부제를 붙이게 된 것이다.[9]

---

9 불어 원어로는 'le froid et le cruel'이다.

3. 마조흐의 환상과 바흐오펜Bachofen의 시대구분론의 일치
   — 이 일치의 의미는 무엇인가?

들뢰즈는 마조흐의 소설이 그려내고 있는 이러한 세 여인의 이미지가, 마조흐와 동시대인이면서 당대의 지식사회에 커다란 영향을 미쳤던 바흐오펜의 이론과 연결되는 것이라고 지적하고 있다. 바흐오펜에 따르면, 인류의 역사는 크게 3시대로 구분된다.[10] 첫 번째 시대는 '아프로디테(자유로운 창녀)의 시대'로서, 육욕이 범람하는 질펀한 늪지대의 원시적인 혼돈이 지배하던 때이다. 이 시대는 남녀 사이에 다중적이고 자유로운 사랑의 관계가 이루어졌으며, 여성 원리가 지배하던 시대였다. 아버지란 그야말로 아무 존재도 아니었던 것이다. [식물, 즉 아직도 여전히 '자연 그대로의 원시적인 존재들'로 남아 있는 것들이라고 말할 수 있는 식물들 —특히, 원시적인 늪지대의 식물들— 을 생각해 보자. 암컷 식물들의 교배방식(사랑의 방식)은 정녕 다중적이고 자유로운 것으로 보인다. 그들은 자신들의 씨를 서슴없이 어느 때고 아무에게나 자신들이 원하는 방식대로

---

10 바흐오펜은 그의 『모권(das Mutterrecht)』이라는 책에서 이러한 시대구분을 제시하고 있다.

널리 퍼뜨린다. 아프로디테의 시대란 인류에게도 이러한 원시적인 자연성이 그대로 살아 있는 시대일 것이다. 물론 오늘날의 문명화된 시대는 이러한 원시적인 자연성을 '부도덕하다'는 이유로 질식시키고 있다. 그런데 문명화된 사회의 '위선'과 '억압'이 이러한 원시적인 자연성보다 과연 더 '도덕적인 것'일까?『모피를 입은 비너스』에서 마조흐는 아직 첫 번째 유형의 여인의 단계에 머물러 있을 때의 여주인공 완다의 입을 빌려, 결혼이니 도덕이니 영원한 사랑이니 교회니 국가니 하는 것들이란 모두 진정한 자연성을 왜곡하여 부당한 파탄에 빠뜨리는 '허위의 덫'일 뿐이라고 말하고 있다.] 두 번째 시대는 '테미테르의 시대'로서,[11] 아프로디테 시대의 질펀한 늪지대를 흥건히 적셔 놓고 있던 물기가 배수排水되어 엄격한 농경적 질서가 자리잡은 시대이다. 이 시대는 여전히 여성이 우위에 서서 남성을 지배하는 '여성지배 질서gynocratic'가 유지되던 시대이지만, 남자들 역시 이 시대에 들어서는 일말의 지위를 얻을 수 있게 된다. 마지막 세 번째 시대가 오늘날의 시대이기도 한 '아폴론의 시대', 즉, '남성지배 질서'의 시대이다. 이 시대에는 여성들은 남성들의 우위 아래에 있는 예속적인 존재로 추락한다.

---

11 테미테르는 그리스 신화에 나오는 농경을 주관하는 여신이다.

마조흐가 이야기하는 서로 다른 세 여인의 이미지가 바흐오 펜이 구분하는 이러한 세 개의 시대에 차례차례 대응하는 것은 의심의 여지가 없어 보인다. 마조흐가 바흐오펜의 책을 읽었던 것일까? 들뢰즈는 그렇다고 주장한다. 들뢰즈에 따르면, 마조 흐는 바흐오펜의 책을 읽고서, "〈세 가지 서로 다른 여인〉이라 는 자신의 환상에 이론적 구조를 부여해 주는 것을, 그리하여 그의 이 환상이 곧 인간과 세계의 본성이 무엇인지를 근본적으 로 다시 생각할 수 있게 만드는 가치를 지닌 것임"[12]을 발견 하게 되었다는 것이다. 마조흐는 소설이 무엇인지를 정의하면 서, "예술가는 자신에게 떠오르는 〈형상figure〉으로부터 〈문제〉 를 만드는 데까지 나아갈 수 있어야 한다"[13]고 주장한다. 들뢰 즈에 따르면, 마조흐는 자신의 환상 속에서 떠오르는 '세 여인 의 이미지'라는 '형상'이, 인간과 세계의 본성이 무엇인지를 다 시 묻게 만드는 '문제'를 제기할 수 있게 하는 것을 바흐오펜의 책을 읽음으로써 발견할 수 있었다는 것이다. 하지만 예술가의

---

12 *PSM*, p. 47([英], p. 53).

13 *PSM*, p. 47([英] p. 53).

환상이라는 것이, 혹은 그 속에서 떠오르는 **형상**이라는 것이 대체 무엇이기에, 그것이 이토록 엄청난 가치를 지닌 것이 될 수 있단 말인가? 어떻게 전적으로 허구일지도 모를 한갓 개인의 주관적인 환상으로부터 ─그것도 마조히스트라는, 정상을 벗어난 일탈적 개인의 병리적 환상으로부터─ 인간과 세계의 본성이라는 객관적이고 과학적인 **문제**를 근본적으로 다시 생각해 볼 수 있게 된단 말인가? 대개의 경우, 사람들은 자신의 환상을 '환상'이라는 그 이유만으로, 무가치하고 무의미한 것으로 간주하여 외면해 버리기 십상이다. 그의 환상이 아무리 그에게 깊고 강렬한 인상을 남기는 것이라 할지라도, 그는 그것이 우연적이고 일시적으로 떠오르는 한낱 개인적인 공상 이외의 다른 것이 될 수 있으리라는 생각을, 그 자신이라는 한 개인의 사사로운 특이성과 관련되는 것을 넘어 인간과 세계의 본성을 문제 삼을 수 있게 하는 보편적인 중요성을 가질 수 있는 것이 될 수 있으리라는 생각을, 결코 가져보지 않는 것이다. 그렇다면 어떻게 마조흐는 자신의 환상에게 이토록 중요한 의미를 부여할 수 있게 된 것이며, 또한 어떻게 들뢰즈는 이런 마조흐의 주장에 정당성을 인정해 줄 수 있게 된 것일까? 요컨대, 마조흐의 이 환상phantasm이란 대체 무엇일까?

아마도 들뢰즈의 주장처럼, 마조흐는 바흐오펜의 책을 실제로 읽었을지도 모른다. 그리하여 그는 자신을 사로잡고 있는 '세 여인의 이미지'라는 환상이 단순히 그의 개인적인 공상에 그치는 것이 아니라 실제로 일어났던 객관적인 역사적 사실을 압축적으로 반영하고 있는 것이라는 생각을 하였을지도 모르고, 이로부터 오늘날 사람들의 삶의 방식인 '남성지배(부권 우위) 질서'가 인간의 본성과 자연(즉 세계)의 참 모습을 제대로 구현하고 있는 것인지에 대한 '문제'를 제기할 수 있다고 생각하였을지도 모른다. 그런데 여기에 커다란 문제가 하나 있다. 아마도 많은 사람들이 알고 있을 테지만, 인류학이나 역사학의 보다 최근의 연구성과들은 바흐오펜이 주장하는 것 같은 원시 모권사회(여성지배 질서의 사회)가 실제로 존재했다는 것을 인정하지 않는다. 바흐오펜의 당대에는 바흐오펜이나 다른 많은 학자들에 의해 이러한 '아프로디테의 시대'나 '데미테르의 시대'가 인류 역사의 초창기에 실제로 존재했던 것으로 주장되었지만, 한결 더 진전된 최근 연구들은 인류의 역사는 처음부터 줄곧 부권사회(남성지배 질서의 사회)였으며, 이러한 모권사회란 실제로 존재했던 것이 아니라 근세 역사가들의 상상력이 만들어 낸 허구일 뿐이라고 주장하고 있는 것이다. (물론 이러한 최근 연구들도 인류 역사 초창기의 대부분은 모계사회의 형태로 출발했다는 점에 대해서는 인정하고 있다. 하지만 이러한 모계사회와 바흐오펜이 말하고 있는 것 같은 모권사회는 전혀 다르다. 실제로 존재했던 이러한 모계사회도 여성지배 질서의 모권사회가 아니라 남성지배 질서의 부권사회였던 것이다.) 그렇다면, 바흐오펜이 인류 역사의 초창기에 놓은 모권사회가 실재했던 것이 아니라 바흐오펜의 상상력이 지어낸 허구일 뿐이라면, 마조흐의 환상이 인류의 역사를 3시대로 구분하는 바흐오펜의 이론에서, 자신에게 필요한 이론적 구조를 찾을 수 있게 되었다는 들뢰즈의 주장은 이제 어떻게 되는가? 바흐오펜은 자신의 이러한 이론을 역사적 사실이라고 믿었을 것이며, 마조흐도 바흐오펜의 이러한 이론이 실제의 역사적 사실을 반영하고 있는 것이라고 믿었기 때문에, 자신의 환상이 그저 개인적인 공상에 불과한 것이 아니라, 그의 말마따나 인간과 자연의 본성에 대한 '문제'를 제기할 수 있을 만큼 중요한 의미를 가지는 것이라고 생각할 수 있었을 것이다. 그런데 바흐오펜의 이러한 이론이 그저 상상적인 허구일 뿐이라면, 그리고 마조흐 또한 이 허

구를 허구인지도 모르고 진실이라고 믿고 있는 것이라면, 마조
흐의 '세 여인의 이미지'라는 환상은 이제 어떻게 되는가? 그가
논의를 어떻게 전개해 나가고 있는지를 지켜 보건데, 들뢰즈는
바흐오펜의 시대구분론이 역사적 사실이 아니라 허구적 창작
이라는 사실을 아예 모르고 있거나 알면서도 (별로 중요하지 않은
것으로 간주하고) 외면하고 있는 것으로 보인다.[14] 그러나 바흐오
펜의 이론이 허구라면, 이 모든 것은 대체 어떻게 되는 것일까?

그런데 정말로 흥미로운 것이면서도 또한 매우 중요한 것일
수도 있는 것은, 실제로 있었던 역사적 사실과는 전혀 무관하다
는 것이 이제는 밝혀진 이러한 바흐오펜의 이론(인류 역사의 3시대
구분론)이 마조흐의 '세 가지 여인의 이미지'라는 환상과 서로 같
은 이야기를, 혹은 적어도 매우 유사한 이야기를 하고 있다는
것이다. 바흐오펜의 이론이 차라리 실제의 역사적 사실을 제대
로 반영하고 있는 옳은 이론이라면, 바흐오펜의 이론과 마조흐

---

14 더 솔직히 말하자면, 그의 어투나 관련된 여러 논의들로부터 미루어 보건데, 들뢰
즈는 정말로 모르고 있다. 적어도 그가 PSM을 쓰던 1967년까지는, 들뢰즈는 바흐
오펜의 이론이 역사적 사실과 일치하지 않는 **틀린** 이론이라는 것을 정말로 모르고
있는 것일 수 있는 것이다.

의 환상 사이의 이러한 일치는 오히려 설명되기 쉬운 것일 테다. 그럴 경우, '과거에 실제로 일어났던 사실(아프로디테의 시대 → 테미테르의 시대 → 아폴론의 시대)'에 대한 인류의 경험이 어떤 식으로든 먼 훗날의 개인의 기억 속에 축적되어[15] 환상의 형태로 되살아난 것으로 설명될 수 있을 것이기 때문이다. 하지만 실제로 일어났던 역사적 사실과는 관계없는 두 개의 거짓 이야기가 —바흐오펜의 이론과 마조흐의 환상— 서로 일치한다는 것은 어떻게 해야 가능할 수 있는 것일까? 소설가 두 사람이 —마조흐와 바흐오펜[16]— 서로 똑같은 이야기를 각자 독립적으로 창조해 낸다는 것이 가능한 일일까?[17] 그러므로 바흐오펜의 이론

---

15 이런 사태를 설명하기 위해 자주 원용되는 것이 생물학자 헥켈(Haeckel)이 제시한 '개체발생은 계통발생을 반복한다'는 주장이다. 물론 생물학의 영역에서는 이러한 주장의 신빙성에 대해 많은 의문이 제기되고 있다. — 헥켈은 자신의 주장을 옹호하기 위해 많은 증거를 고의적으로 조작하거나 성급한 비약을 서슴없이 저질렀다고 한다. 하지만 프로이트나 융 같은 심층심리학의 대가들은 그들 나름의 이유로 인해 헥켈식(式)의 이러한 주장을 수긍할 때가 있다.

16 바흐오펜의 이론은 더 이상 객관적인 역사적 사실에 대해 말하고 있는 '이론'이 아니라 바흐오펜 자신의 상상이 어떤 것인지를 말하고 있는 '소설'이다.

17 마조흐의 환상은 바흐오펜의 책과 상관없이 이미 마조흐의 유년시절부터 싹트기 시작한 것이다. — PSM에 실린 부록 I 「유년의 기억과 소설에 대한 생각」으로부터 이 사실을 확인할 수 있다. 즉, 마조흐와 바흐오펜은 서로를 모르는 독립적인 상태에서 각자 따로 자신들의 이야기를 한 것이며, 각자 따로 이루어진 이 두 이야기가

이 역사적 사실이 아니라 상상적 허구라는 사실이 오히려 바흐오펜의 이론과 마조흐의 환상 사이의 일치를 더욱 흥미롭게 만든다. 사실이 아닌 허구인 바흐오펜의 이론이 또 하나의 허구인 마조흐의 환상과 일치할 수 있다는 그 사실이 정녕 놀라운 일인 것이다. 두 개의 독립적인 허구가 서로 똑같은 이야기를 한다는 것, 도저히 가능할 것 같지 않은 이러한 일이 일어난다는 것은 대체 무엇을 의미하는 것일까? 그러한 일은 어떻게 가능하게 되는 것일까? 나중에 우리는 이 문제로 되돌아오게 될 것이다.

4. 엄마의 세 가지 이미지와 두 번째 엄마의 수수께끼

들뢰즈에 따르면, 마조흐의 소설들 속에 등장하는 세 가지 유형의 여인들은 각각 엄마가 보여 주는 서로 다른 이미지들에 대응하는 것이다. 즉 이 세 여인 각자의 모습 속에는 실은 엄마의 서로 다른 세 가지 이미지가 차례차례 반영되어 있다는 것이

서로 우연치 않게 일치하게 된 것이다. 그러므로 마조흐가 바흐오펜의 책을 실제로 읽었느냐 아니냐 하는 것은 실은 별로 중요한 문제가 아니다.

다. 마조흐 소설의 첫 번째 유형의 여인, 즉, 사랑과 미를 위해서만 사는 창녀적 여인에 대응하는 엄마의 이미지를 들뢰즈는 '원초적 엄마, 자궁-엄마, 창녀-엄마, 배설과 늪의 엄마' 등으로 규정한다. 마조흐 소설의 세 번째 유형의 여인, 즉 제3의 남자와의 긴밀한 공모 관계 속에서 자신의 연인을 고문하는 것을 즐기는 이 세 번째 여인에 대응하는 엄마의 이미지를 들뢰즈는 '오이디푸스적 엄마'라고 규정한다. 이 세 번째 엄마의 이미지가 아버지와의 배타적인 사랑의 관계(성적 관계) 속에 예속되어 있는 ―그러므로 아버지와 엄마의 관계를 바라보는 주체를 그들의 사랑의 관계에 끼어들지 못하도록 배제하고 있는― 엄마를 나타내고 있다는 것은 분명해 보인다. 들뢰즈의 지적처럼, 이 '오이디푸스적인 엄마'는 아버지의 공모자이자 동시에 그에게만 예속되어 있는 희생자인 것처럼 나타난다. 반면, 첫 번째 엄마의 이미지는 아버지에게만 예속되어 있는 이 세 번째 엄마의 이미지와는 달리, 자유롭고 분방한 것처럼, 마치 주체 자신에게 원하는 모든 것을 다 내어줄 수 있을 것처럼 보이지만 ―그것이 영양섭취의 욕구를 만족시켜 줄 수 있는 양분(젖)을 제공해 주는 것이든 아니면 사랑의 욕구(성적 쾌락의 욕구)를 만족시켜 줄 수 있는 사랑을 느끼게 해주는 것이든, 하여간에 그녀의 몸과 마음을 통해 줄 수 있는 모든 것을 언제라도 내어줄 수 있는 것처럼 보이지만— 이 세 번째 엄마의 이미지와 마찬가지로 역시 관능적이고 감각적이다. 그리고 이 두 가지 엄마의 이미지에 의해 둘러싸여 있는 가운데에 두 번째 엄마의 이미지가 있다. 이 두 번째 엄마의 이미지는 마조흐 소설의 두 번째 유형의 여인에 대응하는 것이며, 마조흐 소설에서 이 두 번째 유형의 여인이 그러하듯이, 이 두 번째 엄마의 이미지야말로 마조히즘의 성립에 핵심적인 역할을 하는 것이다. 또한, 역시 마조흐 소설의 두 번째 유형의 여인이 그러하듯이, 이 두 번째 엄마의 이미지는 자칫 자신의 균형을 잃고 그것의 주위를 에워싸고 있는 첫 번째나 세 번째 엄마의 이미지로 추락하기 쉬운 것이다. 다시 말해, 이 두 번째 엄마의 이미지는 첫 번째나 세 번째 엄마의 이미지에 가려 그 존재가 쉽게 눈에 띄지 않으며, 그러므로 첫 번째나 세 번째 엄마의 이미지가 누리는 굳건하고 확실한 존재성에 비해 쉽게 간과되거나 잊혀지기 쉬운 불확실한 존재성만을 유지하고 있는 것이다. 그러므로 사람들이 흔히 아는 것은 첫 번째나 세 번째 엄마의 이미지이다. 첫 번째 엄마의 이미지는, 우리 인간에게 삶의 모든 것을 가능하게 해 주는 대자연과 곧 하나로 일치하는 것인 대지모신大地母神의 이미지로 알려져 있으며, 세 번째 엄마의 이미지는 프로이트 정신분석학이 우리 인간의 모든 심리적 발달을 결정짓는 가장 중요한 사태로 주장하는 '오이디푸스-콤플렉스' 속 엄마의 이미지로 우리에게 나타난다. 그런데 엄마에 대해 이 두 이미지가 아닌 다른 또 하나의 이미지라는 게 정말로 존재하는 것일까? 이 제3의 이미지, 즉 마조흐 소설의 두 번째 유형의 여인에 대응하는 두 번째 엄마의 이미지란 과연 무엇을 의미하는 것일까?

5. 두 번째 유형의 여인(마조히스트의 이상형적 여인)은 어떻게 만들어지는가? — 교육의 필요성

마조흐의 소설은 두 번째 유형의 여인이 —즉 들뢰즈에 따르면, 두 번째 엄마의 이미지를 반영하고 있는 여인이— 그녀의 성적 파트너인 남자(마조히스트)를 어떻게 가혹하게 고문하는지를, 어떻게 분노에 찬 준엄한 매질을 통해 그에게 견디기 힘든 가혹한 고통의 시련을 안겨 주는지를 그리고 있다. 자신의 연인을 가혹하게 매질할 수 있는 이 여인은, 그럴 수 있기 위해서는, 첫 번째 유형의 여인의 관능성을, 즉 남자가 원하는 육감적인 사랑을 위해 자신의 모든 것을 무조건적으로 다 내어 줄 수 있을 것 같은 그녀의 원초적인 뜨거운 열기를 극복할 수 있어야 한다. 하지만 또한 이 여인은, 무조건적인 사랑(창녀적 사랑)에 대한 이러한 거부와 절제가 세 번째 유형의 여인이 보여 주는 것과 같은 사디즘적 잔혹성으로 변질되지 않도록 조심하기도 해야 한다. 이 두 번째 유형의 여인이 바로 이와 같은 여인이 될 수 있는 것은 그녀의 성적 파트너인 남자(마조히스트)가 그녀를 그러한 여인이 되도록 **교육(조련)**하는 것을 통해서이다. 즉 자신의 연인을, 언제든 자칫 첫 번째나 세 번째 유형의 여인으로 추락할 수 있는 자신의 연인을, 이러한 위험으로부터 벗어나 그 중간자적 존재에게 요구되는 힘든 균형을 유지해 갈 수 있도록 만드는 것은 그녀의 성적 파트너인 남자(마조히스트)가 해야 할 일인 것이다. 마조흐 소설의 남주인공인 마조히스트가 이러한 일을 해나가는 방식이 바로 자신의 연인과 계약을 맺는 것이다. 이 계약은 여인에게, 그녀의 연인이자 성적 파트너인 남자 마조히스트에 대해 어떤 식으로 행동해야 하는지를 미리 규정한다. 이 계약이 규정하는 것에 대한 충실한 이행을 통해, 마조히스트의 연인은 첫 번째나 세 번째 유형의 여인으로 추락할 수 있는 위험에서 벗어나, 마조히스트의 진정한 이상형인 두 번째 유형의 여인의 모습을 유지해 갈 수 있는 것이다. 그러므로 들뢰즈에 따르면, 마조히스트와 그의 연인 사이에 진정으로 '마조히즘적인 관계'가 성립할 수 있기 위해서는, 다시 말해 마조히스트를 매질하는 그의 연인이 첫 번째나 세 번째 유형의 여인이 아니라 두 번째 유형의 여인이 되기 위해서는 먼저 이와 같은 계약을 체결하는 것이 필수적으로 요구된다. 이와 같은 계약이 없다면, 그녀는 언제든 첫 번째나 세 번째 유형의 여인의 인력에 이끌려, 그리로 쉽게 추락해 갈 수 있는 것이다.[18] (이러한 계약은 단지 마조흐의 소설 속에서만 이루어지는 일이 아니다. 그것은 소설 밖의 실제의 마조히즘적인 관계에서도 일어나는 일이다. 그

---

[18] "마조흐 소설의 여주인공은 마조히스트가 자신에게 불어넣는 역할을 그녀가 계속해서 잘 수행해 나갈 수 있을지에 대해 결코 확신하지 못한다. 그녀는 자신이 매 순간마다 자칫 원초적 창녀(첫 번째 유형의 여인)나 사디즘적 여인(세 번째 유형의 여인)으로 다시 굴러 떨어질 수 있음을 느낀다. 이리하여, 예컨대 『이혼한 여자』의 여주인공 안나는 자신이 줄리앙의 이상형을 연기하기에는 너무나 약하고 변덕스러운 창녀적인 여자인 것인 같다고 고백한다." — *PSM*, p.45([英], p.50).

자신이 실제로 마조히스트였던 마조흐도 그의 실제 애정생활에서 자신의 연인과 이러한 계약을 체결하였다.) 거꾸로 말하자면, 이러한 계약을 통해 마조히스트는 그의 이상형인 두 번째 유형의 여인으로 행동할 그의 연인에게서, 첫 번째 유형의 여인의 성향과 세 번째 유형의 여인의 성향이 **보다 순정한 양상으로 변형되어** 나타나도록 만든다고 말할 수 있을 것이다. 즉 첫 번째 여인이 보여 주는 '뜨거운 관능성'과 세 번째 여인이 보여 주는 '차가운 잔혹성'은, 이 두 번째 여인에게서 각각 '순정한 감성의 부드러움'과 '차갑지만 잔혹하지 않은 준엄함'으로 변형되어 한결 정화淨化된 모습으로 나타나는 것이다. 그러므로 마조히스트가 그의 연인과 체결하는 계약은 여인이 본래 가진 원초적인 관능성과 잔혹성이 그의 이 연인 속에서 보다 순정한 형태로 변형될 수 있도록 그녀를 교육시키기 위해 맺어지는 것이라고 할 수 있다. 두 번째 엄마의 이미지를 반영하는 두 번째 유형의 여인, 이 여인은 자연적으로 주어지는 것이라기보다는 주어지는 자연을 넘어설 수 있게 하는 교육의 힘을 통해 존재할 수 있게 되는 것처럼 보인다.

6. 마조히즘의 '상징적 질서':
엄마에 의해서 수립되는 '상징적 질서'

계약을 통해 교육시켜야 한다는 것, 그것은 이러한 두 번째 유형의 여인의 특성이 처음부터 자연적으로 주어져 있는 것이 아니라 자연적 상태를 넘어서려 하는 일종의 문화적인(초자연적인) 노력에 의해 성취되어야 함을 말해 주고 있는 것으로 보인다. 즉 이러한 여인의 특성이나, 이러한 특성을 가진 여인을 자신의 이상형으로 추구하는 남자(마조히스트)의 성향은, '자연'에 속하는 것이 아니라 오히려 주어진 자연을 극복해야만 가능한 '문명'에 속하는 것인 것처럼 보인다. 실로 사람들은 성(성욕)의 **자연적인** 모습이란 첫 번째나 세 번째 유형의 여인에게서 발견되는 모습이며 —또한 이러한 유형의 여인들을 자신들의 성적 파트너로서 추구하는 남자들에게서 발견되는 모습이며—, 또한 성적 관계의 **자연적인** 모습이라는 것도 이러한 유형의 여인들과 맺는 관계에서 발견되는 것이라고 생각할 것이다. 이에 반해, 두 번째 유형의 여인이나 그녀와의 성적 관계는 자연적인 모습이 아니라 오히려 이러한 자연적인 모습을 극복해야지만 가능한 문명적인 모습일 거라고 사람들은 생각할 것이다. 실제로 들뢰즈는 이러한 두 번째 유형의 여인을 자신의 이상적인 성적 파트너로 추구하는 마조히스트의 성향에서, 자신에게 주어져 있는 자연 그대로의 상태를 극복하려 하는 '문화주의'의 성향을 보려 한다. 즉 마조히즘이란 자연 그대로를 순리로서 좇으려 하는 '자연주의'의 성향과는 반대되는 초자연주의의 성향을 가지고 있다는 것이다. "눈(眼)이 정말로 '인간의 눈'이 되는 것은, 즉 감각이 정말로 '인간의 감각'이 되는 것은, 눈이 바라보는 대상이 **인간적인** 대상, 즉 **문화적인** 대상이 될 때이다. 동물(상태)의 눈도 이 대상을, 말하자면, 처다볼 수는 있을 것이다. 하지만 이 대상은 오직 인간에게만 **진정으로 보이는**, 인간만을 위한 대상이다. 대상이 인간적인 대상이 되는 것은, 인간이 그 대상을 예술작품으로 대할 수 있을 때이다. 모든 동물은 자신의 감각이 동물적임을 벗어나 인간화되어 가려 할 때, 아픔(고통)을 겪는다. 마조흐는 바로 이러한 자기 변형이 겪는 고통의 생생한 체험에 대해 말하고 있는 것이다. 그는 감각(관능)의 변형을 통해 도달하게 되는 이러한 문화적 상태를 가리키기 위해, 자신의 주장을 '초감각주의'라는 말로 부르는 것이다."[19] 마조히스트가 자신의 연인의 나체裸體를 바라볼 때, 그는 자신의 자연적인(동물적인) 성적 욕망이 마음껏 유린해 나갈 수 있는, 즉 자신의 욕망의 자연적인 상태를 충족시켜 줄 수 있는 '벌거벗은 암컷'을 보고 있는 것이 아니다. 그의 '인간적인 눈'은 이 대상(자신의 연인의 나체)에게서 오히려 그의 이러한 자연성에 제동을 걸고 그것을 초월하게 만드는 경이로운 예술작품을 보고 있는 것이다. 하지만 그럴 수 있기 위해서는, 그는 먼저 자신의 자연적인 동물성으로부터 벗어날 수 있어야 한다. 그는 동물성을 탈피하는 새로운 존재로 변형(변태)되기 위해, 동물성으로부터 벗어나기 위한 격렬한 아픔(고통)을 ―그의 연인이 그에게 가하는 가혹한 매질이 주는 아픔을― 겪어야 하는 것이다.

그런데 들뢰즈는 마조히즘이 보여 주는 이러한 '문화주의'의 성향 속에 실은 매우 놀라운 함축이 숨겨져 있다는 것을 지적한다. 프로이트에 따르면, 즉 그의 '오이디푸스-콤플렉스' 이론에 따르면, 인간이 자연으로부터 벗어나 문명의 세계를 열게 되는 것은 철저히 아버지의 존재로 인한 것, 아버지가 내리는

---

19 *PSM*, p.61([英], p.69).

금지의 명령으로 인한 것이다. 인간의 자연성은, 즉 그의 욕망의 자연적인 모습은 자신의 성적 쾌락의 욕구를 충족시키기 위한 첫 번째 대상을 엄마에게서 발견하게 되고, 그리하여 엄마와의 근친상간을 희망하게 되지만, 아버지의 존재가 이러한 자연적 욕망이 자신을 자연 그대로 펼쳐나가는 것을 금지하게 되고, 이로 인해 인간은 '자연이 요구하는 것을 따르는 세계(자연)'로부터 벗어나 오히려 '자연이 요구하는 것을 억압하는 새로운 질서를 따르는 또 하나의 세계(문명)' 속으로, 즉 '자연의 질서'와는 다른 '상징적 질서' 속으로 들어가게 된다는 것이다.[20] 즉 인간으로 하여금 자연적 존재로서만 살아갈 수 없도록 제동을 거는 것, 자연을 따르는 '쾌락 원리'에 대해 오히려 자연을 억압하는 '현실 원리'를 내세우게 하는 것, 그리하여 모든 것에 다 적용되는 보편적인 자연의 질서로부터 벗어나 인간에게만 해당되는 —즉 자연은 그런 것을 모르는— 문명의 질서를 창조하게 하는 것, 그것은 프로이트에 따르면, 바로 아버지의 존재인

---

20 PSM에서 들뢰즈는 '자연의 질서'와는 다른 이러한 새로운 질서를, 구조주의자들을 좇아, '상징적 질서'라고 부른다. — *PSM*, p.56([英], p.63) 참조.

것이다. 그러므로 아버지가 없이는, 그의 금지의 명령 없이는 인간은 결코 자연으로부터 벗어날 수 없다. 자연과 법法의 대립, 다시 말해 인간의 법이라는 것이 자연을 그대로 따르는 것이 아니라 오히려 자연의 효력을 정지시키며, 그리하여 자연으로부터 벗어나 그것과는 다른 문명의 세계 속에서 살아가도록 만든다는 것, 그것은 오로지 아버지의 존재로 인해 가능해지는 것이며, 그러므로 인간의 법이란 오로지 '아버지의 법'인 것이다. 그런데 마조히즘은 문명이란 오직 아버지에 의해서만 가능하다는 이러한 프로이트의 주장을, 많은 사람들에 의해 우리 인간이 구축한 문명의 깊은 진실로서 인정받고 있는 이러한 주장을 완벽하게 뒤엎어 버리고 있지 않은가? 자연으로부터 벗어난 문명의 세계를 여는 것, 마조히즘에 있어서 그것은 남자의 역할이 아니라 여자의 역할이 되고 있다. 즉 그것은 아버지의 역할이 아니라, 마조히스트를 매질하는 여자 속에 반영된 엄마의 역할이 되고 있는 것이다. 마조히스트로 하여금 그의 자연적인 동물성으로부터 벗어나 정말로 인간적인 인간이 되기 위한 고통(아픔)을 겪도록 하는 것, 그것은 그를 매질하는 엄마이다. 마조히스트를 동물적인 자연성의 존재로부터 문화적인 존재로 변형시키는 이 고통은, 프로이트의 '오이디푸스-콤플렉스'에서처럼 엄마에 대한 근친상간적 욕망을 '거세의 위협'으로 금지시키고 있는 아버지로부터 오고 있는 것이 아니라, 그를 매질하는 여인 속에 반영되어 있는 엄마로부터 오고 있는 것이다. 그러므로 "마조히스트란 (아버지에 의해서가 아니라) 엄마에 의해서 구축되는 '상징적 질서'의 세계 속에서, (아버지가 아니라) 엄마가 법과 동일시되는 세계 속에서 살고 있는 존재이다."[21] 이 상징적 질서 속에서는, "아버지는 아무것도 아니다. 그는 그 어떤 상징적 기능도 할 수 없도록 모든 권한을 박탈당한 채 쫓겨나 있다."[22]

과연 아버지가 완전히 배제된 채 오로지 엄마에 의해서만 수립되는 이와 같은 상징적 질서라는 것이 정말로 가능한 것일까? 이것은 실로 프로이트 정신분석학의 가장 근본적인 토대와 관련되는 문제이다. 프로이트가 남긴 유산의 가장 위대한 계승자인 라캉에 따르면, 정신분석학이라는 학문은 '오이디푸스-

---

21 *PSM*, p.56([英], p.63).
22 *PSM*, p.57([英], p.64).

콤플렉스'를 모든 인간들이 겪어야 하는 가장 근본적이고 보편적인 사태라고 주장하는 데서 성립하는 것이다. 즉 정상인이건 신경증자이건 도착증자이건 정신병자이건, 서로 다른 심리적 유형의 모든 인간들이 누구도 예외 없이, 그들의 이러한 심리적 차이를 낳는 모태가 되는 것으로서 보편적으로 겪어야 하는 것이 '오이디푸스-콤플렉스'라고 주장하는 것에서 정신분석학이라는 학문이 성립한다는 것이다. '오이디푸스-콤플렉스'의 이러한 근본성과 보편성을 주장하는 것이 의미하는 것, 그것은 인간을 자연으로부터 벗어나 '상징적 질서'의 세계로 들어서게 하는 것이 오로지 아버지의 역할(라캉의 '아버지의 이름')이라는 것이다. 그것은 인간에게 발생하는 서로 다른 심리적 유형들 전부가 —정상인의 유형, 신경증 유형, 도착증 유형, 정신병 유형 등등— 모두 바로 이 '오이디푸스-콤플렉스'라는 공통의 모태로부터 나온 것이며, 이 공통의 모태에 어떻게 대응하느냐에 의해 그들의 차이가 생기는 것이라고 주장하는 것이다. 그런데 들뢰즈에 따르면 마조히즘이 보여 주는 증상, 즉 마조히스트가 여인에게 매질당한다는 사실은, 마조히스트를 자연으로부터 벗어나게 하는 '상징적 질서'를 세우는 것이 아버지가 아니라 엄마라는 것을 말해 주는 것이다. 즉 들뢰즈에 따르면, 마조히즘이 보여 주는 이와 같은 증상은 마조히즘이라는 심리적 유형이 '오이디푸스-콤플렉스'와는 무관하게 발생한다는 것을, 그러므로 정신분석학의 믿음과는 달리 '오이디푸스-콤플렉스'가 모든 심리적 유형을 발생시키는 보편적인 모태가 되는 것이 아니라는 것을 말해 주고 있다. 그러므로 여기 이 마조히즘 속에는 '오이디푸스-콤플렉스'의 보편성을 자신의 학문적 정체성의 기반으로 삼고 있는 정신분석학의 정당성을 붕괴시킬 수 있는 도전이 도사리고 있는 것이다.

그런데 정신분석학의 근거를 이처럼 뒤흔든다는 것이 누군가에게는 경천동지의 충격을 느끼게 하는 일일 수도 있겠지만, 그런 것 정도는 별 것 아닌 것처럼 만들어 버리는 듯한 더 놀라운 사실이 있는 듯 보인다. 아버지가 완전히 배제된 채 오로지 엄마에 의해서만 수립되는 '상징적 질서'라는 것, 들뢰즈에 따르면 그것은 마조히스트가 아버지 없이 오로지 엄마에만 의존해서 다시 한 번 새롭게 태어나려 하는 욕망을 가지고 있다는 것을 의미한다. 즉 엄마와 아버지 둘 다에 의존하는 '양성생식兩性生殖'의 방법에 의해서 이미 한 번 태어난 적이 있는 사람(마조히스트)이, 이번에는 아버지를 배제한 채 오로지 엄마에만 의존하는 '단성생식單性生殖'의 방법에 의해서 다시 한 번 새롭게 태어나려고 하는 욕망을 가지고 있음을 의미한다는 것이다.[23] 그렇지만 '아버지 없이 오로지 엄마에만 의존해서 다시 한 번 새롭게 태어난다'는 것이 대체 무엇을 의미하는 것일까? 인간이면 누구나 엄마와 아버지 양편의 결합에 의해서만 태어나는 것일 텐데, 엄마 한편에만 의존하는 '단성생식에 의한 재탄생'이라는 것이 어떻게 가능할 것이며, 설령 그런 것이 가능하다 한들, 대체 무엇을 위해 그런 것을 욕망하는 것일까?

마조히스트가 엄마에 의해 수립되는 상징적 질서를 통해 '아버지 없는 엄마만의 자식'으로 다시 태어나려 한다 해도, 그리하여 그가 적어도 **이 상징적 질서 속에서는** 그와 같이 다시 태어난 새로운 인간으로 존재할 수 있다 해도, 그렇지만 **실제에 있어서는** —즉 이러한 상징적 질서 속에서가 아니라 '자연의 질서'(혹은, 더 간단히 말해 '자연') 속에서는— 인간은 누구나 엄마에

---

[23] "마조히스트는 자신을 아버지로부터 해방시킨다. 아버지가 아무런 역할을 하지 못하는 가운데 다시 새롭게 태어나기 위해서 말이다." — *PSM*, p.59([英], p.66).
"아버지와 무관하게 이루어지는 재탄생, 즉, 단성생식 […]" — *PSM*, p.82([英], p.94).

의존해서 태어나는 것과 동시에 또한 아버지에 의존해서도 태어나는 것이지, 어느 누구도 엄마 혼자에만 의존해서 태어날 수는 없다. 다시 말해, 이 상징적 질서 속에서 사는 '**상징적 존재**'로서의 마조히스트는 '아버지 없는 엄마만의 자식'으로 존재하는 것이 가능할 수도 있겠지만, 자연의 질서 속에서 사는 '**자연적 존재**'로서의 마조히스트는 —즉 자연적으로 주어진 그의 **현실적인** 모습에 있어서의 마조히스트는— (엄마 한편만의 자식이 아닌) 엄마와 아버지 양편의 자식인 것이다. 그러므로 들뢰즈의 말처럼, "상징적 질서 속에서 추방된 아버지는, 그렇지만 실제의 질서 —즉 자연의 질서— 속에서는 끊임없이 계속해서 활동하기를 멈추지 않는다."[24] 실제의 질서 속에서 끊임없이 계속해서 활동하고 있는 아버지의 존재는, 그러므로 자신을 내쫓아내려 하는 이 상징적 질서의 성립을 방해하는 저항으로, 즉 그를 아무런 활동도 하지 못하도록 배제하려 드는 이 상징적 질서의 지배를 무력화시킬 수 있는 위협으로 끊임없이 되돌아올 수 있는 것이다. 그러므로 마조히즘의 상징적 질서란 그것의 존재를

---

24 *PSM*, p.57([英], p.64).

언제든 위협할 수 있는 실제의 질서(자연)와의 대립 속에서 존재하는 것이다. 이 상징적 질서란 그것을 위협하는 자연의 질서를 극복할 수 있을 때에만, 즉 마조히스트가 자신의 현실적인 모습을 극복할 수 있을 때에만 성립할 수 있는 것이다.

7. 마조히즘: 실제의 질서에 대한 부인否認을 통해 환상을 좇는 이상주의

마조히즘의 상징적 질서란 이처럼 실제의 질서와 대립하는 것이기에, 그러므로 실제의 질서에 대한 **부인**을 통해 성립하는 것이다. 그것은 우리 인간이 실제의 질서에 의해 완전히 지배될 수 있는 존재라는 것을 부인하는 것이며, 그러므로 실제의 질서에 속하는 현실적인 것이 아니라는 의미에서 **환상적인** 것이다. "마조히즘은 환상의 기술art이다."[25] 현실에 대한 직시가 아니라 현실을 넘어서는 초현실을 꿈꾸는 것, 그것이 환상이다. "마조히스트는 자신이 꿈꾸고 있다고 믿어야 한다. 심지어

---

25 *PSM*, p.59([英], p.66).

그가 실제로는 꿈꾸고 있지 않을 때조차도 꿈꾸고 있다고 믿어야 한다."[26] 꿈은 각성 시時에 만나게 되는 현실의 세계와는 매우 다른 세계를, 각성 시에 만나게 되는 '실제의 질서'와는 전혀 다른 환상적인 세계를 만나게 만든다. 꿈의 세계는 실제의 질서를 그대로 반영하고 있는 것이 아니라, 그것과는 아주 다른 '비현실적인' 세계를 보여 주고 있기 때문에 '환상적인 세계'인 것이다. 들뢰즈에 따르면, 마조히즘의 상징적 질서는 이처럼 꿈꾸는 것과 같은 '의식의 상태'를 통해서만 만날 수 있다. "마조히스트의 환상적이고 상징적인 세계"는 오로지 '의식의 변성(변형)transformation of consciousness'을 통해서만, 즉 실제로 존재하는 현실의 모습을 만나게 되는 각성 시의 의식의 상태와는 매우 다른 '의식의 상태'가 되도록 의식의 변화를 겪는 것을 통해서만 만날 수 있는 것이다.

그렇지만 마조히즘의 상징적 질서가 이처럼 환상적인 세계라는 것은, 이러한 환상적인 세계를 좇는 마조히스트가 환상과 현실을 서로 구분하지 못한 채 혼동하고 있다는 것을 말하는 것

---

26 *PSM*, p.64([英], p.72).

이 아니다. 마조히스트가 환상을 추구하는 것은 그가 현실이 어떤지를 모르고서 환상을 현실로 착각하고 있기 때문이 아니다. 마조히스트는 현실을, 즉 인간은 누구나 아버지와 엄마 양편의 결합에 의해서만 태어날 수 있다는 사실을 제대로 모르고 있는 것이 아니라, 자신이 잘 알고 있는 이러한 실제의 사실(자연의 사실)을 다만 인정하고 싶어 하지 않을 뿐이다. 그는 "이현실의 세계가 완벽하다는 것을 믿기 거부하며, 차라리 날개를 달고서 이 세계로부터 벗어나 꿈의 세계 속으로 달아나려 한다."[27] 마조히스트가 현실의 세계가 완벽하다는 것을 믿기 거부한다는 것은, 마조히스트 자신이 그 모습이 어떠한지를 잘 인식하고 있는 이 현실의 세계가 가진 지배력을 그가 중지시키고 싶어한다는 것이며, "현실의 세계의 지배력을 이처럼 부인否認하는 것을 통해, 환상 속에서만 가능한 새로운 이상理想적인 세계를 열려 한다는 것이다."[28] 그러므로 "여기에서는 이상을 향한 상승운동이 펼쳐지고 있다. 마조히즘이란 이상주의이다."[29] 마

---

27 *PSM*, p.30([英], p.32).

28 *PSM*, p.30([英], pp.32-33).

29 *PSM*, p.21([英], p.21).

조히스트의 이상주의는 아버지와 엄마 양편의 결합에 의해서 자기가 태어나도록 되어 있는 이 현실의 세계가 자기에게 행사하고 있는 지배력을 중지시키고, 엄마가 (아버지 없이) 혼자서 자신에게 새로운 탄생을 줄 수 있는 세계를 꿈꾸는 것이다.

8. 죄의식(죄책감)이라는 마조히스트 특유의 증상의 이유

그러므로 현실에 대한 부인과 이상(환상)에 대한 추구, 이것이 마조히즘을 규정짓는 특징이다. 마조히즘의 특징은 '엄마에만 의존하는 단성생식의 방법에 의한 재탄생'이라는 이상을 추구하게끔 하는 마조히스트의 환상이 현실에 대한 그의 사실적인 (과학적인) 인식을 압도하는 데 있다. 마조히스트란 현실에 대한 자신의 사실적인 인식을 압도하는 자신의 강렬한 이상(환상)에 자신도 알 수 없는 이유로 사로잡혀 있는 존재이다.

그런데 만약 들뢰즈의 주장처럼, 마조히스트의 이러한 환상이 꿈꾸는 것과 같은 '의식의 상태'를 통해서만 만날 수 있는 것이라면, 다시 말해, 각성 시의 의식의 상태와는 매우 다른 '의식의 상태'가 되도록 의식의 변형을 겪는 것을 통해서만 만날 수 있는 것이라면, 마조히스트의 이러한 환상은 마조히스트 자신이 자신의 의식의 능동적인 사용을 통해 자발적으로 꾸며 내고있는 것이 아니다. 마치 꿈에서 만나게 되는 환상의 세계가 꿈을 꾸는 주체가 자신의 의식의 능동적인 사용을 통해 자발적으로 꾸며 내는 것이 아니듯, 마조히스트를 사로잡고 있는 이 환상 역시 마조히스트 자신의 의식의 능동적인 주도하에 자발적으로 꾸며 내어지고 있는 것이 아닌 것이다. 의식의 소산이 아닌, 알 수 없는 원천으로부터 생겨난 이러한 환상, 마조히스트는 그럼에도 불구하고 자신의 의식이 인식하는 현실의 모습에 반反하는 이러한 환상에 거역할 수 없는 힘에 이끌려 사로잡혀 있는 것이다.

자신의 의식이 인식하는 현실의 세계와 자신을 거역할 수 없는 힘으로 사로잡고 있는 환상의 세계 사이에 존재하는 이와 같은 거대한 불일치와 불협화음, 이것이 마조히스트로 하여금 자기 자신을 일종의 이중적인 존재로 체험하게 만든다. 마조히스트의 의식은 그 자신이 현실에 속해 있는 존재라는 것을, 즉 자신을 사로잡고 있는 환상과는 너무나도 다른 이 현실 속에 살고 있으며 이 현실의 지배력에 구속되어 있는 존재라는 것을 잘 인식하고 있다. 하지만 그는 다른 한편, 그의 의식의 이 모든 인식에도 불구하고, 이 현실을 부인하는 자신의 강렬한 환상에 사로잡혀 있기도 한 것이다. 그는 자신을 사로잡고 있는 이 환상의 강렬한 힘에 의해 이끌려, 자신의 자연적 존재가 속해 있는 이 현실의 정당성을 부인하게 되며, 그리하여 이 현실의 지배력으로부터 벗어나려 하는 또 다른 존재로서 자신을 발견하게 되는 것이다.

그러므로 마조히스트의 환상은 그의 자연적 존재가 속해 있는 이 현실을, 그를 사로잡고 있는 이 강렬한 환상의 이상에 도저히 미치지 못하는, '무엇인가가 근본적으로 잘못되어 있는 곳'이 되도록 만든다. "범죄가 자연과 역사의 도처에 퍼져 있다."[30] 범죄, 즉 무엇인가를 근본적으로 잘못되어 있게 만드는 중대한 결함이, 자연의 모든 곳에, 또한 인간의 삶이 펼쳐지는 역사의 모든 과정에, 본질적으로 퍼져 있는 것이다. "범죄와 그로 인한 시련이 인간성을 짓누르고 있다."[31] 그러므로 마조히스

---

30 *PSM*, p.84([英], p.96).

31 *PSM*, p.9([英], p.12).

트는 자신의 자연적 존재가 몸담고 있는 이 현실이 이처럼 온통 죄로 물들어 있음에 대해 강렬한 죄의식을 갖게 된다. 그리하여 그는 자신의 자연적 존재를 짓누르고 있는 이 죄로부터 풀려나기를 원하는 강렬한 '속죄贖罪욕망'을 갖게 되는 것이다.[32] 마조히즘 특유의 증상인 이 '속죄욕망', 사디즘에서는 그와 같은 것을 찾을 수 없는 이 기이한 욕망은, 자신이 꿈꾸는 이상으로부터 너무나 멀리 떨어져 있는 듯한 자신의 자연적 존재에 대해 마조히스트가 느끼는 소외의 감정으로 인해 발생하는 것이다.

마조히즘이 가진 최대의 수수께끼, 즉 마조히스트는 왜 자신의 연인으로부터 매질당하기를 원하며, 이러한 고통으로부터 쾌락을 얻게 되는지의 수수께끼는 이제 이렇게 해서 풀릴 수 있게 된다. 마조히스트가 가진 속죄욕망을 충족시켜 줄 수 있는 수단이 될 수 있는 것, 그것이 바로 두 번째 엄마의 이미지를 반영하는 자신의 연인으로부터 가해지는 이 매질의 고통인 것이다. 마조히스트는 자신의 죄('아버지와 엄마 양편의 결합에 의해 태

---

32 속죄의 욕망에 대해서는 *PSM*, p.84([英], p.97) 참조하라.

어난 자신의 자연적 존재'라는 죄)를 벌하는 이 매질의 고통을 받음으로써 자신의 죄로부터 속죄될 수 있고, 그리하여 그가 바라는 이상적인 모습(오직 엄마에만 의존하는 단성생식의 방식에 의해 재탄생된 모습)으로 거듭날 수 있게 되는 것이다. 앞에서 우리는 '어떤 것이 그의 자연적 존재로부터 벗어나 새로운 존재로의 자기 변형을 이루기 위해서는, 그것을 위한 아픔(고통)을 겪어야만 한다'는 들뢰즈의 지적을 인용한 바 있다.[33] 마조히스트가 자신의 근본적인 자기 변형을 위해 겪어야만 하는 아픔(고통)이 되는 것, 그것이 바로 그의 연인이 그에게 가하는 매질이 가져다주는 아픔(고통)인 것이다. 마조히스트는 자신의 자연적 존재로부터 벗어날 수 있게 해 주는 이와 같은 고통을 겪는 것을 통해서만 그가 원하는 이상적인 존재로 거듭날 수 있다. 그는 오직 고통을 겪는 것을 통해서만 자신이 바라는 것을 성취하는 쾌락을 얻을 수 있는 것이다.

---

[33] "모든 동물은 자신의 감각이 동물적임을 벗어나 인간화되어 가려 할 때 아픔(고통)을 겪는다." — *PSM*, p.61([英], p.69).

9. 마조히즘의 가장 핵심적인 증상

그러므로 사람들이 흔히 마조히즘의 놀라운 특성으로 이야기하는 '고통과 쾌락의 결합(일치)'이라는 현상이, 즉 마조히스트가 오로지 고통 속에서만 쾌락을 얻는 자인 것 같다는 현상이 마조히즘에서 실제로 발견되는 것은 사실이다. 또한 마조히스트의 심리적 특성이 죄의식과 속죄욕망이 두드러지게 나타나는 데 있다는 것 또한 사실이다. 다시 말해, 고통을 통해서 쾌락을 찾는 듯한 **감각적** 특이성, 그리고 죄의식과 속죄욕망의 과도한 범람이라는 **심리적** 특이성, 이 두 가지가 다른 심리적 성향들에서는 찾아볼 수 없는 마조히즘 특유의 증상이라는 것은 틀림없는 사실인 것이다. 하지만 그럼에도 불구하고 마조히즘을 이러한 감각적 특이성이나 심리적 특이성**으로부터** 이해하려 하는 것은 잘못된 것이다. 즉 고통과 쾌락의 결합이나 죄의식과 속죄욕망을 마조히즘을 규정하는 가장 핵심적인 증상이 되는 것으로 생각하는 것은, 그리하여 이 증상들을 중심에 놓고 이것들로부터 출발해서 마조히즘이 무엇인지를 해명하려 하는 것은, 마조히즘을 잘못 이해하게 만드는 것이다.

마조히즘을 규정하는 핵심적인 증상이 되는 것은, 다시 말해 마조히즘을 정말로 마조히즘이게끔 만들어 주는 것은, 마조히스트를 사로잡고 있는 환상, 즉 그가 그의 성관계에서의 행위를 통해 실연實演해 보여 주고 있는 그의 환상적인 이야기이다. 즉 세 가지 유형의 여인(엄마의 세 가지 이미지)이 존재하며, 이중 두 번째 여인이 나머지 여인들을 제압하는 이상적인 여인으로 군림하며, 이 여인과의 계약을 통해 아버지를 철저히 배제한 채 오로지 이 여인(속에 반영되고 있는 엄마)으로 하여금 마조히스트 자신을 벌하는 법을 세우고 집행하도록 하며 —즉 마조히스트 자신에게 매질의 고통을 가하도록 만들며—, 그리하여 이 모든 과정을 거친 후에야 비로소 이루어질 수 있는 이 여인과의 성적 교합交合에 의해 마침내 마조히스트 자신의 재탄생이, 아버지를 배제한 채 오로지 엄마에만 의존하는 '단성생식'의 방식에 의해 새롭게 태어나는 '새로운 인간'으로의 재탄생이 이루어진다고 이야기하는 마조히스트의 환상, 이 기이한 이야기야말로 마조히즘을 마조히즘이게끔 만드는 가장 핵심적인 증상인 것이다. 마조히스트를 특징짓는 '쾌락과 고통의 결합'이라든가 죄의식과 속죄욕망 같은 것은 모두 그가 이러한 환상에 사로잡혀, 그의 자연적 존재가 속해 있는 이 현실로부터 벗어나 이 환상과 일치하는 새로운 존재로 거듭나려 하기 때문에 생기게 되는 것이다. 그러므로 이러한 감각적 특이성이나 심리적 특이성이 마조히즘의 증상으로 자리잡을 수 있게 되는 것은 모두 이러한 환상 덕분이며, 이러한 환상이 짜놓은 이야기의 구조적 틀 속에서만 이 증상들은 의미를 가질 수 있게 되는 것이다.[34]

그러므로 이 환상을 배제한 채, 이 환상의 이야기가 짜놓은 구조를 도외시한 채, 오로지 그 안에 들어 있는 내용물들인 '고

---

[34] "마조히즘에 대해 '고통과 쾌락의 일치'라는 감각적인 차원의 정의를 내리는 것은 불가능해 보인다. 마조히즘에게서 고통의 감각과 쾌락의 감각이 결합되는 것은 먼저 어떤 형식적인 조건을 전제하는 것이기 때문이다. 이 형식적인 조건을 간과하게 되면 모든 것은 뒤죽박죽이 된다. 〈…〉 또한 마조히즘에 대해 '죄의식을 갖는다'와 같은 정신적(심리적) 차원의 정의를 내리는 것도 역시 불충분하기는 마찬가지이다. 〈…〉 이 점에서도 역시, 어떤 조건에서 그러한 죄의식이 체험되는가를 아는 것이 중요한 것이다. 〈…〉 마조히스트가 느끼는 감각과 마조히스트가 체험하는 심리적 상태 너머에, 마조히스트가 들려주는 이야기가 있다. 이 이야기에 마조히스트는 사로잡혀 있는 것이다. 이 이야기는 어떻게 두 번째 엄마가 승리하며, 어떻게 아버지가 배제되는지, 어떻게 이 모든 것으로부터 **새로운 인간**이 나오게 되는지를 이야기하고 있다. 〈…〉 감각적인 차원의 마조히즘(즉 몸으로 고통과 쾌락의 일치를 체감하는 마조히즘)에 앞서, 또한 정신적인 마조히즘(죄의식과 속죄욕망을 느끼는 마조히즘)에도 앞서, 형식적인 마조히즘(환상적인 이야기가 짜놓은 구조적 형식을 가진 마조히즘)이라는 것이 있다." — *PSM*, pp.87-88([英], pp.100-101).

통과 쾌락의 결합'이라는 감각적 특이성이나 죄의식과 속죄욕 망이라는 심리적 특이성에 의해 마조히즘을 이해하려 하는 것은, 내용물들을 의미 있게 만들어 주는 전체적인 구조를 배제한 채 오로지 그 내용물들만을 빼내는 것과 똑같은 짓을 하고 있는 것이 된다. 그리고 원래의 구조로부터 빼낸 이 내용물들은 원하는 대로 구미에 맞게 다른 구조를 이루도록 재조립될 수 있을 것이고, 그리하여 '고통과 쾌락의 결합'이라는 엉터리 중심축을 매개로 해서 사디즘과 연결될 수 있는 가공架空의 구조가 만들어지게 되는 것이다. 들뢰즈는 마조히즘에 대한 프로이트의 (몰)이해란 바로 이와 같은 유의 자의적인 논리를 따라 이루어진 것이라고 주장한다. 프로이트의 이해에서 마조히즘의 핵심적인 증상이 되는 것은 '고통과 쾌락의 결합'이라는 감각적 특이성이나 죄의식과 속죄욕망이라는 심리적 특이성이며, 마조히스트가 들려주는 저 환상적인 이야기란 이 중심부로부터 꾸며낸 부차적인 파생물에 지나지 않는다. 이 환상적인 이야기는 마조히즘이 무엇인지를 그것으로부터 이해할 수 있게 해 주는 내적 핵심으로서가 아니라, 오히려 이러한 이해에 도달하기 위해 그것이 밖으로부터 드리우고 있는 장막을 찢어

야 하는 거짓된 방해물로 취급되고 있는 것이다. — 프로이트
의 이러한 이해에 대해서는 마조히즘의 발생원인을 논하게 될
다음 장의 논의에서 자세하게 살펴보게 될 것이다. 마조히즘의
진실을 둘러싼 프로이트와 들뢰즈의 대립, 그것은 무엇이 중심
에 놓여야 할 핵심적인 증상이고, 무엇이 이 중심으로부터 이
해되어야 할 이차적인 증상인지를 올바르게 가려내야 하는 '증
상론'의 단계에서부터 모든 것이 충돌하는 근본적인 대립인 것
이다.

10. 마조히즘의 자연주의

앞에서 우리는 자연주의와 대립하는 듯한 마조히즘의 문화
주의적 면모에 대해 말하였다. 마조히스트는 여인을 감각적으
로 탐할 수 있는 자신의 자연적인 육욕을 얼어붙게 만드는 이
상적인 여인을 추구하며, 아버지와 엄마 양편의 결합이라는 양
성생식의 방법이 지배하는 '자연의 질서'에서 벗어나 오로지 엄
마에만 의존해서 태어나는 단성생식의 방법이 지배하는 '상징
적 질서' 속에서 다시 태어날 수 있기를 추구한다. '자연의 질서

에 대한 **부인**'으로 특징지어지는 이와 같은 면모는 마조히즘이라는 것이 자연의 이치를 따르려 하는 '자연주의'를 지향하는 것이 아니라, 오히려 자연의 지배력에서 벗어나 그것과 반대되는 새로운 것을 창조해 내려는 '문화주의'를 지향하고 있는 것임을 말해 주는 것처럼 보였던 것이다.

그런데 들뢰즈는 '자연의 질서에 대한 부인'으로 특징지어질 수 있는 이러한 마조히즘이 그렇다고 해서 단순히 '문화주의'인 것은 아니라고 주장한다.[35] 모든 문화주의는, 즉 자연과 무관한 새로운 가치를 지향하려 하는 모든 노력은, 자신이 그렇게 애써서 추구하려 하는 이 새로운 가치라는 것이 궁극적으로 어떤 의미를 가질 수 있는 것인지를 설명하는 데 어려움을 겪게 될 것이다. 우리 자신이 궁극적으로는 자연에 속하는 존재라는 것은, 다시 말해 우리 자신의 궁극적인 운명이 우리의 존재의 모태인 자연의 운명을 벗어날 수 없다는 것은 틀림없는 사실일 것이다. 그런데 만약 우리가 추구하는 가치라는 것이 이러한 자연과 무관한 것이라면, 우리는 왜 그러한 가치를 애써

---

35 *PSM*, p.67([英], p.76) 참조.

서 추구해야 하는 것일까? 만약 마조히즘의 특징인 '현실에 대한 부인과 이상(환상)에 대한 추구'가 그런 것에 대해 전혀 무관심한 자연의 완전한 외면 속에서 이루어지는 것이라면, 마조히즘의 이러한 기획이 대체 무슨 소용이 있는 것일까? 설령 이 이상이 아무리 아름답고 숭고한 것이라 한들, 그것이 맞게 될 궁극적인 운명이란, 자신의 밖에 있는 객관적인 세계가 실제로는 어떤 모습인지를 전혀 모른 채 오로지 자신이 자의적으로 만들어낸 주관적인 환상만을 고집스럽게 좇는 어느 자기도취적인 몽상가가 맞게 될 운명이 아닐까? 그런데 들뢰즈에 따르면, 마조히스트가 추구하는 이상은 그것이 가진 모든 환상적이고 비현실적인 듯 보이는 성격에도 불구하고, 결코 자연과 무관한 비非자연의 인위적인 세계를 창조해 내는 것이 아니다. 자연적인 육욕과 관능성의 뜨거운 열기를 식히는 '순정한 감성의(센티멘탈한) 차가움', 즉 '자연의 질서'의 지배력을 부인하는 '상징적 질서'가 가진 이러한 차가움은 바로 **자연 자체가 지닌** 차가움이다. "마침내 『달빛』이 자연의 비밀을 우리에게 넘겨준다. 자연 자체가 차갑고 모성적이며 준엄하다."**36** 자연은 그것이 우리에게 나타나는 표면적인 모습에서는 육욕과 관능성의 뜨거운 열기의 세계이지만, 이 표면 아래 숨어 있는 깊은 이면 속에서는 이 뜨거운 열기를 식히는 '순정한 감성의 차가움'을 **자연 자신의 본성 자체로** 가지고 있다는 것이다.

들뢰즈의 철학은 언제나 '두 개의 자연'에 대해, 혹은 '자연의 두 얼굴'에 대해 이야기한다. 자연은, 우리의 일상적이고 평범한 현실을 통해 그것이 우리에게 내보이는 얼굴의 **이면**에, 우리가 일상적으로 익숙하게 만날 수 있는 이러한 얼굴을 **뒤집어야지만** 만날 수 있는 '더 깊은 얼굴'을 숨기고 있다. 우리는 흔히 이 익숙한 자연의 얼굴만을 자연이라고 생각하고, 그리하여 이 얼굴만을 '자연의 질서'로 생각하면서 더 깊은 얼굴의 존재를 외면해 버리지만, 실은 자연의 깊은 진실은 이 표면적인 얼굴을 뒤집어야지만 만날 수 있는 이 이면의 얼굴에 있는 것이다. 불교의 반야사상에서 말하는 '색즉시공色卽是空, 공즉시색空卽是色'의 논리에서나, 혹은 화엄사상에서 말하는 '다즉일多卽一, 일즉다一卽多'의 논리에서, 공(일)과 색(다)의 관계란 색(다)이 곧 공

---

36 *PSM*, p.45([英], p.51).
'차갑고 모성적이며 준엄하다'는 이 술어는 또한 두 번째 엄마의 이미지를 서술하는 술어라는 것을 우리는 앞에서 보았다.

(일)의 자기표현이 되는 관계이며, 그러므로 공(일)이란 색(다)으로 자신을 표현하는 한에서만 공(일)으로 존재할 수 있는 관계이지만, 그럼에도 불구하고 공(일)과 색(다) 사이의 이러한 관계를 깨닫게 되는 것은 색(다)의 차원을 절대화시키지 않고 그것을 뒤집음으로써 그 이면에 숨어 있는 공(일)의 차원을 알 수 있게 될 때이다. 이와 마찬가지로, 들뢰즈가 말하는 '자연의 더 깊은 얼굴(일차적 자연)' 역시 우리가 흔히 '자연의 질서'라고 생각하는 '표면적인 얼굴(이차적 자연)'을 통해 자신을 표현하는 것이지만, 그럼에도 불구하고 우리는 이 '표면적인 얼굴'을 뒤집는 것을 통해서만 이 '깊은 얼굴'에 도달할 수 있다.[37] (우리는 실제로 '자연의 두 얼굴'에 대한 들뢰즈의 이야기가 불교에서 말하는 '색즉시공, 공즉시색'이나 '다즉일, 일즉다'의 이야기와 서로 유사한 것으로 해석될 수 있다고 생각한다.) 자연의 깊은 진실은 우리에게 익숙한 자연의 모습의 이면에, 우리가 이 익숙한 모습을 뒤집어야지만 만날 수 있는 곳에 있는 것이다.

그러므로 자연적인 관능성으로부터 벗어나 '순정한 감성의

---

[37] 일차적 자연과 이차적 자연의 구분에 대해서는, *PSM*, p.49([英], p.54)를 참조하라.

(센티멘탈한) 초감각적인 상태'로 승화되도록 **자기변형**을 이룬다는 것은, 다시 말해 우리에게 익숙한 '자연의 질서'의 지배력을 뒤집는다는 것은 실은 결코 자연으로부터 벗어난다는 것을 의미하는 것이 아니다. '자연의 질서'를 부인하는 상징적 질서를 세운다는 것은 오히려 자연 자체의 깊은 진실로 되돌아가려 한다는 것을, 우리가 흔히 '자연의 질서'라고 생각하는 것에 의해 실은 은폐되고 있는 자연 자체의 깊은 본모습을 되찾으려 한다는 것을 의미한다. 자연은 우리에게 익숙한 그것의 조야粗野한 겉모습 뒤에, 이러한 겉모습을 부인하고 극복해야지만 되찾을 수 있는 깊은 비밀을 숨겨 두고 있는 것이다. "조야한 자연, […] 이러한 자연이 끝나는 곳에서 […] 센티멘탈하고 초감각적인 대大자연이 시작된다."[38] 그러므로 마조히스트를 사로잡고 있는 환상이란, 즉 그로 하여금 '자연의 질서'의 정당성과 지배력을 부인하도록 만드는 그의 환상이란, 이러한 '자연의 질서'에 의해 은폐되고 있는 자연의 깊은 비밀을 계시啓示해 주고 있는 것이 된다. 자신의 환상을 좇고 있는 마조히스트, 이 환상에 의해

---

38 *PSM*, p.49([英], p.54).

서 자신의 자연적 존재를 부인하고 있는 마조히스트, 그는 '현실을 부인하고 이상을 추구하는' 그의 이러한 이상주의를 통해 실은 자연의 깊은 비밀을 실현하려 하는 리얼리즘realism을 추구하고 있는 것이다. 현실을 부인하고 그 너머에 있는 환상을 좇으려 하는 것은 분명 신비주의의 성향을 띠는 것이지만, 마조히즘의 이러한 신비주의는 이 '현실'이라는 것에 매달려 있는 '보통의 리얼리즘'보다 더 깊고 진실한 리얼리즘을 지향하고 있는 것이다.

11. 마조히즘의 증상론에서 발생원인론(병인론)으로

이로써 우리는 마조히즘의 증상론과 관련된 주요한 의문들을 해결할 수 있게 된 것처럼 보인다. 우리는 마조히즘의 정체가 엄마와 관련된 하나의 수수께끼 같은 환상을 중심으로 형성되어 있다는 것을 확인할 수 있었다. 마조히즘의 이 환상은 '차갑고 모성적이며 준엄한' 엄마에 대해서 말한다. 이 차갑고 모성적이며 준엄한 엄마는 창녀적인 엄마(첫 번째 유형의 엄마)에게서 발견되는 자연적인 관능성과 사디즘적인 엄마(세 번째 유형의 엄마)에게서 발견되는 잔인성을 극복한 '순정한 감성의(센티멘탈한)' 엄마이며, 그녀의 아들인 마조히스트에게 그의 자연성을 벌하는 매질의 고통을 가함으로써 그로 하여금 (아버지를 완전히 배제한 채) 오로지 엄마 자신에게만 의존하는 단성생식의 방법에 의해 새로운 인간으로 다시 태어날 수 있도록 해 주는 엄마이다. 마조히즘에게서 발견되는 여러 기이한 증상들, 쾌락과 고통의 일치'라든가 죄의식이나 속죄욕망 같은 증상들은 모두 이 환상을 중심에 놓고 볼 때 그것들이 왜 발생하며 무엇을 의미하는지를 제대로 이해할 수 있게 되는 것이다.

아마도 많은 사람들이 마조히즘의 정체가 이러한 것으로 밝혀지는 것에 대해 매우 놀라워할 것이다. 마조히즘의 이러한 정체는 사람들이 일반적으로 생각해 온 것과는 너무나 다른 것처럼 보이기 때문이다. 그런데 사람들의 뿌리 깊은 오해를 불식시켜 주는 이와 같은 증상론의 진전에도 불구하고 마조히즘과 관련된 의문은 말끔히 해소되는 것이 아니라 오히려 더욱 더 심화되는 것으로 보인다. 그 이유는 마조히즘의 핵심적인 증상인 엄마와 관련된 환상이 왜 발생하는 것이며, 무엇을 의미하는 것인지가 여전히 오리무중의 수수께끼로 남아 있기 때문이다. 이러한 환상은 대체 왜 발생하는 것일까? '엄마에만 의존하는 단성생식의 방법에 의한 새로운 인간으로의 재탄생'이라는 환상, 현실과는 너무나도 다르며, 무엇인가 기이하고 무섭기까지 한 이러한 환상은 대체 무엇을 의미하는 것일까? 결코 현실일 수 없는 이 환상은, 마조히스트 자신이 '결코 현실일 수 없다'는 사실을 그토록 잘 인식하고 있음에도 불구하고 왜 그토록 강렬한 힘으로 마조히스트를 사로잡고 있는 것일까? 과연 이러한 환상은 오직 마조히스트에게만 있는 것일까, 아니면, 깊은 망각 속에 파묻혀 있을망정 실은 우리 모든 인간들이 그 심층적 의식 속에서 이러한 환상의 유혹에 은밀히 노출되어 있는 것일까? 이런 여러 의문들과 함께 우리는 마조히즘이 무엇인지를 규명하려 하는 증상론을 넘어, 그것이 왜 발생하는지를 규명해야 하는 병인론(발생원인론)의 영역으로 나아가게 된다. 마조히즘의 증상론은 마조히즘의 병인론이라는 것이 결국 마조히즘의 핵심 증상인 엄마와 관련된 저 환상이 왜 발생하며 무엇을 의미하는지를 밝히는 문제라는 것을 우리에게 알려 주고 있다.

II.

마조히즘은 왜 발생하는가?

— 마조히즘의 발생원인론

1. 마조히즘의 발생원인론(병인론)에 대한 프로이트의 이해
— 사디즘의 방향전환에 의한 마조히즘의 발생

쾌락을 좇고 고통을 피하려 하는 것은 보편적인 인지상정일 것이다. 프로이트에 의해 인간의 심리적 삶 전반을 지배하는 가장 기본적인 원리(쾌락원리)로까지 격상된 이러한 인지상정에 비추어 볼 때, 사디즘이나 마조히즘이란 참으로 불가사의한 현상이다. 이 쾌락원리가 말하는 것은 하나는 추구되고 다른 하나는 회피되는, 쾌락과 고통 사이의 배타적인 관계에 어떠한 예외(위반)도 있을 수 없다는 것이지만, 사디즘과 마조히즘에서는 이처럼 서로 배타적이라 선언되는 쾌락과 고통이 한 몸을 이루며 서로 같은 것이 되고 있는 것처럼 보이기 때문이다. 나아가, 사디즘보다는 마조히즘이 한층 더 기이해 보인다. 자신의 쾌락을 추구하는 것이 타인의 고통을 수반하는 일이 될 수 있다는 것은 상식적으로도 이해가능한 일이며, 이로부터 '타인에게 가하는 고통을 곧 자신의 쾌락으로 삼는' 사디즘의 성향이 발달되어 나올 수 있다는 것은 '사태의 자연스러운 진행'으로 일어날 수 있는 일인 것처럼 보인다. 하지만 남의 고통을 자신의 쾌락으로 삼는 것이 아니라 자신이 겪는 고통에서 쾌락을 찾는 마조히즘의 기이한 열정은 정말이지 불가사의하지 않은가? 이러한 마조히즘이란 저 쾌락원리마저를, 즉 인간의 심리적 삶의 모든 것을 지배하는 가장 기본적인 원리라고 선언되는 저 원리의 정당성마저를 부인하고 있는 것으로 보이지 않는가?

고통과 쾌락이 곧 일치하는 기이한 현상('고통-쾌락'), 정상인의 유형에서는 물론이거니와 다른 병리적 심리 유형들에서도 찾아볼 수 없는 이 기이한 현상을 사디즘과 마조히즘이 공유하고 있다는 사실은 무척 인상적이다. 이 사실은 이 두 심리적 유형이 동일한 하나의 뿌리로부터 발생한 것이거나 혹은 동일한 하나의 원리에 의해 설명될 수 있는 것이라는 생각을 가지게 한다. 이에 더해, 사디즘이 마조히즘보다 더 자연스럽게 발생할 수 있는 듯이 보인다는 사실은, 서로 동일한 원리에 의해 설명될 수 있을 것으로 보이는 이 두 가지 사태 중에서 사디즘이 일차적인 것이며 마조히즘은 사디즘의 일차성에 몇몇 부가적인 요인들이 더해져 파생되어 나오는 것일 수 있겠다는 생각을 갖게 만든다. 마조히즘에 대해 프로이트의 정신분석학이 제시하는 발생원인론(병인론), 즉 마조히즘을 그것보다 선행하는 사디즘의 변형에 의해 발생하는 것으로 설명하려 하는 이 발생원인론은 바로 이런 식의 생각에 의해 착안된 것일 게다.

프로이트에 따르면, 오이디푸스-콤플렉스야말로 서로 다른 모든 심리적 유형들을 발생시키는 보편적인 모태가 되는 곳, 다시 말해 장차 서로 다른 심리적 유형들로 발전해 나가게 될 단초들이 배태되는 근원적인 온상이 되는 곳이다. 그러므로 프로이트는 사디즘을 발생시킬 단초 역시 —따라서 그의 논리에 따르면, 이 사디즘의 변형에 의해 발생하게 되는 것인 마조히즘의 발생 단초 또한— 바로 이곳 오이디푸스-콤플렉스의 삼각 구도 안에서 찾는다. 프로이트에 따르면, 주체가 자신의 성적 본능을 충족시켜 줄 대상을 외부 대상에게서 찾게 되는 성적 발달의 단계에 접어들게 될 때,[39] 이 최초의 외부 대상이 되는 것은 바로 엄마이다. 그런데 성적 본능은 자신 안에 공격성을 내포하고 있다. 성적 본능은 자신의 목적을 달성하기 위해서는 상대방을 자신의 의지에 따라 제어할 수 있어야 하며, 이처럼 상대방을 제어할 수 있기 위해서는 자신 안에 공격성을 내포하고 있어야 하기 때문이다. 그러므로 주체는 그의 성적 본능이 향하는 엄마에게 이러한 공격성을 발휘함으로써, 엄마가 그의 성적 대상이 되는 데 순종하도록 굴복시키려 한다. 말하자면 주체는 아버지가 엄마에 대해 발휘하는 힘과 엄마에게서 누리는 성적 향락을 그 자신의 것으로 하려 하며, 결국 자신이 아버지의 자리를 대신 차지하려 하는 것이다. 프로이트에 따르면 타인(엄마)을 향하는 이러한 공격성이 사디즘을 낳는 원천이 되는 것이다.[40]

---

[39] 성적 발달의 초기 단계에서 주체는 자신의 성적 본능을 충족시켜 줄 대상을 외부 대상에서가 아니라 우선 자기 자신에게서, 즉 자기 자신의 몸의 이곳저곳에서 찾게 된다. 이와 같은 '자가성애적(自家性愛的) 단계'가 지양되고 난 다음에야 비로소, 성적 본능을 충족시켜 줄 대상을 외부 대상에게서 찾게 되는 단계가 도래하게 되는 것이다.

그러므로 이제 주체는 동일한 대상(엄마)을 두고 아버지와 경쟁하는 관계에 들게 된다. 주체는 아버지를 대신해 그의 자리를 차지하려 들기 때문이다. 그러므로 주체의 성적 본능 속에 내포되어 있는 공격성은 이제, 주체와 경쟁 관계 속에 있게 되는 아버지를 향하게 되고 그를 제거하고자 하는 '살부殺父충동'으로 전개된다. 아버지의 존재는 엄마에 대한 주체의 성적 욕망을 금지하고 방해하는 장애물이 되기 때문이다. 하지만 자신보다 훨씬 더 거대한 힘을 가진 듯한 아버지의 존재는, 그(아버지)를 향하던 주체의 공격성과 엄마를 향하던 주체의 근친상간적 욕망을 동시에 좌절시키는 거대한 위협으로 다가온다. 그러나 아버지로부터 오는 이러한 위협이란 실은 아버지 측에 그 책임이 있는 것이 아니다. 다시 말해, 아버지로부터 오는 이러한 위협이란 아버지가 적극적으로 그러한 위협을 내보이기 때문에 발생하는 것이 아니다. 주체가 아버지로부터 오는 것이라고 느끼는 이러한 위협이란 실상, 애초에 아버지를 향했던 주

---

40 Freud, 'Triebe und Triebschicksale(1915)', *Psychologie des Unbewußten, Studienausgabe, Bd. Ⅲ*, S.Fischer, 1989, p.90; 「본능과 그 변화」, 『정신분석학의 근본개념』, 윤희기, 박찬부 옮김, 열린책들, 1997, p.114 참조.

체의 공격성을 그대로 **반영**反影**하고** 있는 것, 다시 말해 아버지에게 향했던 주체의 공격성이 그대로 **반사**反射**되어 주체 자신에게로 되돌아오는 것**이다. 즉 아버지를 향했던 주체의 공격성이 강력한 힘을 가진 듯한 아버지의 존재에 부딪쳐 그 뜻을 이루지 못하게 되자, 자신의 에너지를 해소할 길을 잃어버리게 된 이 공격성이 주체 자신에게로 되돌아와 주체 자신을 공격함으로써 그 에너지를 해소하려 하는 것이 '아버지로부터 오는 위협'이라는 형태로 나타나게 되는 것이다.

주체의 공격성이 아버지를 향하게 되는 것은 주체가 엄마에 대한 성적 욕망을 가지기 때문이며, 아버지의 존재가 주체의 이러한 근친상간적 욕망을 가로막고 있기 때문이다. 그러므로 주체의 이러한 근친상간적 욕망을 가로막고 있는 '아버지로부터의 위협'이 향하게 되는 곳은 주체의 성적 욕망의 진원지인 그의 페니스penis(성기)이다. 즉 주체가 아버지로부터 오는 것이라고 느끼는 위협은 주체에게 그의 페니스를 거세하려 하는 형태(거세 콤플렉스)로 나타나게 되는 것이다. 그러므로 아버지로부터 오는 이러한 거세의 위협 앞에 이제 주체의 **성적 본능**은 위축되고, 대신에 이 성적 본능에 대립하는 또 하나의 본능인 **자아 본능**이 고개를 들고 전면에 나서게 된다. 자아 본능이란 자기 자신을 무사히 보존하려 하는 '자기 보존 본능'이며, 프로이트는 이러한 자아 본능과 성적 본능을 그 종류에 있어서부터 서로 다른, 완전히 이질적인 것으로 놓고 있다. 그러므로 이제 자아 본능의 우위에 의해 지배받게 된 주체는 아버지에 의해 거세당할 위험으로부터 벗어나 자기 자신을 무사히 보존하려 하며, 이를 위해 아버지를 향하던 그의 공격성과 엄마를 향하던 그의 성적 욕망을 동시에 거둬들이게 된다. 성적 본능의 거침없는 추구가 초래하게 될 불행한 결과(거세)를 피하기 위해, 자아 본능은 성적 본능의 무분별한 자기추구에 제동을 걸며 그것과 대립하게 되는 것이다. 또한 성적 본능이 아버지에 대한 공격성으로 전개되듯이, 이러한 성적 본능에 **대립하는** 자아 본능은 이제 아버지에 대한 이러한 공격성에 맞서 ─즉 성적 본능이 불러일으킨 '아버지에 대한 공격성'에 맞서─, 역시 이러한 공격성과 **대립하는 것인** 죄의식(아버지에 대한 죄의식)을 주체에게 불어넣게 된다. 주체는 아직 아버지의 사랑과 보호 없이는 자기 자신을 보존해 갈 수 없는 어린 상태이기에, 자기 보존 본능인 자아 본능이, 자기를 보호해 줄 수 있는 아버지를 해치려 한 데 대한 죄의식을 주체에게 갖게 하는 것이다. 하지만 프로이트에 따르면, 이러한 죄의식의 실상은 원래 아버지를 향하는 것이던 주체의 공격성이 이 아버지에게서 해소되지 못한 채 주체 자신에게로 되돌아와 주체 자신을 공격하는(질책하는) 것에서 자신의 출구를 찾는 것에 지나지 않는다. 바로 이것이 프로이트가 마조히즘의 두드러진 증상인 죄의식이 어떻게 발생하는지를 설명하는 방식, 즉 마조히즘이 어떻게 그것보다 선행하는 사디즘(사디즘적 공격성)의 **방향전환**에 의해서 발생하는지를 설명하는 방식이다.[41]

아버지에 대한 죄의식은 주체로 하여금 그가 저지른 죄(아버지에 대해 공격성을 가졌던 죄)의 무게에 값할 수 있는 만큼의 엄중한 벌을 받음으로써 이 죄를 씻고자 하는 속죄욕망을 갖게 한다. 죄에 합당한 벌을 받음으로써, 주체는 자신의 죄로 인해 잃어버릴 뻔한 아버지의 사랑을 되찾으려 하는 것이다.[42] 말하자

---

41 성적 본능과 자아 본능의 이원론적 구분에 입각하여 사디즘(사디즘적 공격성)의 방향전환에 의해 마조히즘의 발생을 설명하려 하는 프로이트의 시도에 대해서는 위와 같은 글, pp.87-92(한글 번역본, pp.110-116)를 참조하라.

42 아버지의 사랑을 잃게 되지 않을까 하는 두려움, 혹은 아버지의 사랑을 다시 받고자 하는 욕망, 이것들 역시 자기 자신을 보존하려 하는 자아 본능에 의해 설명될 수

면 주체는 종전의 사디즘의 단계에서 아버지의 자리를 자신이 차지하려 했던 것과는 반대로, 이제는 아버지의 사랑을 받는 자리를, 즉 엄마의 자리를 자신이 차지하려 하는 것이며, 그러므로 엄마가 되려 하는 것이다. 즉, 엄마가 그렇게 하듯이, 주체는 자신을 아버지의 성적 욕망을 충족시켜 주는 사랑의 대상으로 아버지에게 바치려 하는 것이다.[43] 죄와 벌은 서로 균형이 맞아야 한다. 아버지의 사랑을 다시 받을 수 있는 것은, 오직 그의 사랑을 잃을 뻔하게 만들었던 죄 만큼이나 무거운 벌을 받는 것을 통해서만 가능하다. 주체의 죄는 그의 성적 욕망으로 인해 저질러지는 것이었으므로, 이 죄를 씻을 수 있을 만큼의 충분한 벌이란 성적 욕망의 진원지인 주체의 페니스가 거세당하는 것이다. 하지만 자아 본능의 자기 보존 추구는 이러한 거세가 실제로 행해지는 것을 허용할 수 없다. '거세당함'을 대신할 수 있는 보다 완화된 벌의 방법이, 하지만 지은 죄의 무거움

있는 것들이다.

43 프로이트는 그의 『늑대인간』에서 다음과 같이 말한다. "사디즘에서 주체는 애초에 이루어졌던 아버지와 자신의 동일시를 굳건히 지켜나가려 한다. 반면 마조히즘에서 주체는 아버지를 자신의 성적 대상으로 선택한다." ― *PSM*, p.53([英], p.60)에서 재인용.

에 값할 수 있을 만큼의 충분히 엄중하고 가혹한 벌의 방법이 필요해지는 것이다. 마조히스트가 자청해서 매질당하고 가혹한 고통을 받는 것, 이러한 '매질당함'은 바로 '거세당함'을 대신하고 있는 것이다. 자청해서 매질당하기를 원하며 또한 이러한 매질의 고통 속에서 성적 쾌락을 찾는 듯한 마조히스트의 기이한 욕망, 이는 아버지에 대해 저질러진 죄를 씻어내고자 하는 속죄욕망의 표현이며, 또한 이러한 죄책감의 불안으로부터 벗어나는 쾌락을 얻고자 하는 욕망의 표현이다.

그런데 주체가 죄를 짓는 것은 아버지에 대해서이므로, 이 죄로부터 해방시켜 줄 속죄의 벌도 역시 아버지로부터 와야 할 것처럼 보인다. 하지만 마조흐의 소설에서나 마조히즘의 실제 사례들에서 마조히스트를 매질하는 것은 남자(아버지의 이미지)가 아니라 여자(엄마의 이미지)이다. 왜 죄가 저질러진 대상인 아버지가 아니라 엄마가 대신 주체를 매질하는 것일까? 이 문제에 대한 프로이트의 해결책은 일견 매우 절묘해 보인다. 그는 세 가지 정도의 이유를 제시한다.[44] 먼저, 방금 보았듯이 마조히

---

44 이 세 가지 이유에 대해서는, *PSM*, p.51([英], p.58) 참조.

스트가 누군가에게 자청해서 매질당하기를 원하는 것은 실은 그 누군가의 사랑을 받기 위한 것, 다시 말해 그 누군가의 사랑의 대상(성적 대상)이 되기 위한 것이다. 그러므로 마조히스트를 매질하는 사람이 남자(아버지)가 될 경우, 아들(마조히스트)과 아버지라는 같은 남성 사이의 동성애적 관계가 성립될 수 있다. 프로이트에 따르면, 바로 이러한 동성애적 관계가 이루어지는 것을 피하기 위해, 아버지(남자)가 아닌 엄마(여자)로 하여금 아버지를 대신해서 매질하는 사람이 되도록 한다는 것이다. 두 번째 이유는, 주체의 성적 욕망이 애초에 탐했던 사랑의 대상이 실은 엄마라는 것이다. 그러므로, 누군가에게 매질당하고자 하는 욕망이 실은 그 누군가와 사랑의 관계(성적 관계)를 맺고자 원하는 것이라면, 매질하는 사람이 여자(엄마)가 된다는 것은 주체가 애초에 가졌던 성적 욕망의 소망을 들어주는 것이 된다. 세 번째로, 주체는 엄마에게 매질당하는 자신의 모습을 아버지에게 보여 줌으로써, 이렇게 무기력하게 매질당하는 자신은 아버지의 자리를 위협할 수 있는 공격성이나 힘을 갖고 있지 않음을 아버지에게 보이려 한다는 것이다. 즉 주체는 아버지를 공격하려 한 죄를 자신이 지은 적이 없다는 것을 보임으로써, 아버지에 대한 죄의식으로부터 벗어나려 한다는 것이다. 그러므로 프로이트에 따르면, 마조히스트를 매질하는 엄마란 실은, 이러한 여러 가지 이유들로 인해 아버지가 자신을 엄마의 모습으로 **위장하여** 나타난 것이다. 마조히스트를 매질하는 자는 겉으로 보기에는 엄마인 것처럼 보이지만, 실은 이 엄마의 모습은 그 이면에 숨어 있는 아버지를 감추고 있는 것이다. 프로이트는 마조히스트를 매질하는 여인에게서 나타나는 독특한 신체적·정신적 특징들을 자신의 이러한 주장을 뒷받침하는 근거로서 삼고자 한다. 마조히스트를 매질하는 여인이 가지고 있는 특징, 즉 근육이 잘 발달되어 있으며 "뚜렷한 용모에 준엄한 기운을 풍기며 차가운 눈빛을 발산하는 위압적인 풍모의 타타르 여인"[45] 같은 그 신체적 특징이나, 또는 자신만만하고 도도하며 남자인 마조히스트를 냉정하고 잔인하게 매질할 수 있는 그 엄격한 정신적 특징, 이러한 신체적·정신적 특징들은 분명히 여성보다는 남성을 연상시키는 것이다. 그러므로 이 사실은 마조히스트를 매질하는 여인이 실은 여자로 위장하여 나타

---

45 *PSM*, p.45([英], p.50).

난 남자라는 것을, 엄마처럼 보이는 그 겉모습 속에 실은 아버지가 숨어 있다는 것을 말해 주고 있다는 것이다. 그러므로 프로이트에 따르면, 마조히즘의 진실은 엄마에게 매질당한다는 그것의 겉모습에도 불구하고, 엄마가 아니라 아버지에 의해 매질당한다는 데 있다. 마조히스트의 죄란 엄마에 대한 근친상간적 욕망을 가로막고 있는 아버지에 대한 공격성을 가진 죄이며, 그러므로 이 죄에 대한 속죄의 벌 역시 아버지로부터 오고 있다는 것이다. 들뢰즈의 이해에서 마조히즘을 규정하는 핵심적인 증상이던 '차갑고 모성적이며 준엄한 엄마'의 환상은 프로이트의 이해에서는 이처럼 마조히즘의 진실을 은폐하는 면피용 위장술에 지나지 않는다.

실로 마조히즘에 대해 프로이트가 제시하는 발생원인론은 마조히스트를 벌하는 엄마를 이처럼 아버지로 바꿔놓을 수 있을 때에만 성립할 수 있을 것이다. 마조히즘을 사디즘(사디즘적 공격성)의 **방향전환**에 의해 발생하는 것으로 설명하려 하는 프로이트의 이해는, 마조히스트가 매질의 고통을 겪는 것에서 쾌락을 찾을 수 있게 되는 이유를, 이 고통이 아버지에 대해 그가 지은 죄에 대한 속죄욕망을 충족시켜 주는 것이기 때문이라고 설명하려 하는 것이며, 그렇기 때문에 이러한 이해의 정당성을 위해서는 이 고통은 마조히스트가 죄를 지은 대상인 아버지로부터 오는 것이어야 하기 때문이다. 마조히스트를 매질하는 것이 실은 엄마가 아니라 아버지라는 프로이트의 주장, 그것은 그러므로 '오이디푸스-콤플렉스'야말로 서로 다른 모든 심리적 유형들을 발생시키는 근원적이고 보편적인 모태가 되는 것이라는 정신분석학의 근본교의根本敎義를 지키기 위한 주장이다. 마조히즘을 사디즘(사디즘적 공격성)의 방향전환에 의해 발생하는 것으로 설명하려 하는 프로이트의 논리 뒤에는 '오이디푸스-콤플렉스'의 근원성과 보편성에 대한 그의 믿음이 있는 것이다.

이상에서 우리는 프로이트가 어떻게 성적 본능과 자아 본능의 이원론적 구분을 통해 사디즘의 방향전환에 의해 마조히즘의 발생을 설명하는지, 그리하여 오이디푸스-콤플렉스의 근원성과 보편성에 대한 그의 믿음으로부터 어떻게 마조히즘의 발생을 설명하는지 살펴보았다. 그런데 잘 알려져 있듯이, 프로이트의 사상이 후기로 성숙되어 감에 따라, 그가 애초에 성적 본능과 자아 본능 사이에 두었던 근본적인 구분과 대립은 더 이상 유지될 수 없는 것으로 판명나게 된다. 자아 본능은 더 이상 성적 본능과 본래부터 구분되는 독자적인 것으로서가 아니라, 성적 본능이 현실원리의 압력 하에 자신의 욕망을 보다 우회적인 방식으로 추구해 나가는 모습으로 이해되었으며, 그리하여 애초에 이 두 본능 사이에 놓였던 절대적이고 본질적인 구분과 대립은 동일한 본능이 때와 상황의 가변적인 사정에 맞춰 자신의 모습을 그때마다 다르게 나타내는 현상적인 차이로 완화되게 된다.[46] 그러므로 사디즘과 마조히즘의 발생에 대해서도, 성적 본능과 자아 본능의 이원론적 구분에 입각하여 이루어진 이전의 것과는 다른 새로운 이해를 하는 것이 필요하게 되는 것이다. 하지만 그럼에도 불구하고 프로이트의 이원론적인 구도는 그의 후기 사상에서도 여전히 계속해서 유효한 것으로 남아 있게 된다. 물론 자아 본능은 성적 본능 속에 포섭되어 하나의 본능으로 단일화되지만, 그리하여 **생명 본능(에로스Eros)**이

---

46 프로이트는 「쾌락원리를 넘어서」에서, 성적 본능과 자아 본능 사이의 관계에 대한 이러한 인식의 변화가 어떻게 이루어지게 되었는지를 간략하면서도 핵심적으로 서술하고 있다.

라는 자아 본능과 성적 본능이 하나로 합쳐진 단일한 본능이, 즉 자기 보존을 추구하는 것이면서도 또한, 보다 영속적인 자기 보존을 위해, 자기 재생산을 위한 —즉 **자손**을 통한 자기 재생산을 위한— 성적 결합 역시 추구하는 보다 확대된 외연의 본능이 등장하지만, 생명 본능의 이 거대한 외연으로도 포섭할 수 없는 또 다른 본능이 이 생명 본능에 맞서는 독립적인 원리로서 등장하게 되는 것이다. 「쾌락원리를 넘어서」에서 소개되고 있는 **죽음 본능**(타나토스Thanatos)이 바로 그것이다.[47] 그리하여 사디즘과 마조히즘에 대한 프로이트의 이해는 이제 생명 본능과 죽음 본능의 대립이라는 새로운 이원론적 구분을 기반으로 해서 다시 새롭게 이루어지게 된다.

생명 본능과 죽음 본능의 이원론적 구분에 따르면, 모든 생명체에게는 자기 자신의 보존을 지향하는 생명 본능이 본래부터 내재하고 있지만, 또한 이에 맞서 자기 자신의 소멸을 스스로 지향하는 죽음 본능 역시 본래부터 내재하고 있다. 이 두 본

---

47 Freud, Jenseits des Lustprinzips(1923), *Psychologie des Unbewußten, Studienausgabe*, *Bd. III*, S.Fischer, 1989, pp.244-252 참조; 「쾌락원칙을 넘어서」, 『정신분석학의 근본개념』, 윤희기, 박찬부 옮김, 열린책들, 1997, pp.304-316 참조.

능이 이처럼 서로 반대되는 목적을 지향하며 서로 맞서고 있는 가운데, 생명 본능은 생명체의 자기 보존을 위해 자신과 반대되는 목적을 지향하는 죽음 본능을 **생명체의 밖으로 내보냄으로써** 자신의 이러한 목적을 달성하려 한다. 즉 생명 본능은, 생명체 자신 내에 계속 머물러 있는 한 생명체 자신의 자기 파괴를 가져올 수 있는 죽음 본능을 외부 대상을 향하도록 밖으로 내보냄으로써, 생명체의 자기 보존을 지향하는 자신의 임무를 달성하려 하는 것이다. 외부 대상을 향해 밖으로 내보내지게 된 이러한 죽음 본능, 프로이트에 따르면 바로 이러한 죽음 본능이 외부 대상에 대한 공격성으로 나타나는 것이며, 그리하여 이로 인해 외부 대상이 되는 타인을 지배하거나 파괴하려 하는 사디즘이 발생하게 되는 것이다.

그런데 프로이트에 따르면, 생명 본능은 생명체에 내재하고 있는 죽음 본능의 **대부분**을 이처럼 외부 대상을 향하도록 밖으로 내보내는 데 성공하지만, 이러한 외부로의 유출에 참여하지 않은 일부(죽음 본능의 일부)가 여전히 생명체의 내부에 남아 있게 된다. 그러므로 생명 본능은 생명체의 내부에 여전히 남아 있는 이러한 죽음 본능이 생명체 자신을 해치는 것을 막기 위해, 죽음 본능의 이 잔여殘餘를, 프로이트의 표현대로 말하자면 **리비도적으로 묶게 된다**. 즉 '리비도적으로 묶게 된다'는 것은 생명 본능이 죽음 본능의 이 잔여에 결합하여(달라붙어), 이 죽음 본능이 생명체 자신을 해치는 파괴적인 활동을 하지 못하도록 그것을 순치馴致하게 된다는 것이다. 프로이트에 따르면, 생명체의 내부에 남아 있는 죽음 본능에 대한 생명 본능의 이와 같은 결합에서 바로 마조히즘의 원초적인 물질적(신체적) 기반인 **성감性感발생적 마조히즘**이 발생하게 된다.[48]

성감발생적 마조히즘이란, 말 그대로 자신이 겪는 고통에서 쾌락을 느끼게 되는 것을 말하는 것이다. 즉 프로이트에 따르면, 생명체가 느끼는 고통이란 생명체 내부에 남아 있는 죽음 본능이 생명체 자신을 공격하는 현상인데, 이러한 죽음 본능이 어떤 임계치 이상으로 과도하게 활성화되게 되면, 바로 그때 더 이상의 죽음 본능의 준동을 막기 위해 생명 본능이 이러한 죽음 본능에 결합하여 그것을 리비도적으로 묶게 되고, 바

---

48 프로이트의 이와 같은 설명은 그의 논문 「마조히즘의 경제적 문제」(1924)에 나오는 것이다. 이 논문 역시 방금 위에서 인용한 *Psychologie des Unbewußten, Studienausgabe, Bd. III*에 그 전문이 실려 있다.

로 죽음 본능에 대한 (성적 본능이기도 한) 생명 본능의 이와 같은 결합에 의해 '고통에서 성적 쾌락을 느끼게 되는 현상'이 발생하게 된다는 것이다.[49]

우리의 몸이 느끼는 고통이 어느 순간엔가 쾌락으로 변할 수 있다는 것, 이것은 매우 이상한 일이지만 실은 상당수의 사람들이 이러한 체험의 실재를 알고 있을 것이다. 여성들에게 이러한 체험은 결코 낯선 것이 아닐 것이다. 성교 시의 여성은, 자신의 성기가 벌어지는 아픔을 겪는 것에서 곧 황홀한 쾌락을 느낄 수 있게 된다. 또한 목을 졸라매는 교수형을 당하는 사형수들이 그들의 고통이 극에 달하는 최후의 순간 예외 없이, 그들이 강렬한 쾌락을 체감하고 있음을 보여 주는 사정射精을 한다는 사실도 잘 알려져 있다. 어떤 한계치를 넘어선 고통은 곧 쾌락의 문을 열게 된다는 사실, 프로이트가 보기에 이것은 사람이면 누구나 체험할 수 있는 틀림없는 사실이다. 그에게 문

---

49 "많은 내적 과정들(생명체의 내부에서 일어나는 과정들)의 경우에 그 과정들의 강도가 일정한 양적 한계를 넘어서게 되면, 바로 그 순간 이 과정들에 필수적으로 따라붙게 되는 〈동시 발생적인 효과(부수효과)〉로서 성적 흥분이 발생하게 된다. […] 고통이나 불쾌의 자극 같은 내적 과정도 이러한 결과(효과)를 가져오는 것임에 틀림없다." — Freud(1924), pp.346-347(한글 번역본, p.422).

제는 이 사실의 진실성이나 실재성 여부가 아니라, 틀림없이 사실이기는 하지만 그럼에도 불구하고 이상하기 그지없는 이 사실을 설명해 줄 수 있는 논리가 무엇인지를 찾는 것이었으며, 그는 이 논리를 죽음 본능와 생명 본능의 이원론에서 찾으려 한 것이다.

생명 본능과 죽음 본능의 이원론에 입각한 새로운 이해에서는 이처럼 성감발생적 마조히즘의 존재가 강조된다. 그런데 이 성감발생적 마조히즘이라는 것은 사디즘의 방향전환에 의해 발생하는 것이 아니라 그러한 방향전환과 상관없이 그보다 앞서 존재할 수 있는 것으로 보인다. 이 새로운 이해에서, 사디즘은 생명체 자신의 밖으로 내보내진 죽음 본능에 의해 발생하는 것으로, 반면 마조히즘은 생명체의 내부에 여전히 남아 있는 죽음 본능의 잔여에 생명 본능이 결합하는 것에서 의해서 발생하는 것으로 설명되고 있지, 사디즘을 발생시키도록 밖으로 내보내진 죽음 본능이 생명체 자신에게로 되돌아오는 것에 의해서 마조히즘이 발생하는 것으로 설명되고 있지 않은 것이다. 성감발생적 마조히즘이 이처럼 사디즘의 방향전환과 무관하게 그보다 앞서 존재할 수 있는 것이라는 의미에서, 프로이트는 그것을 '**원초적인** 마조히즘'이라고 부르고 있다.

하지만 프로이트는 이러한 원초적인 마조히즘만으로는 마조히즘의 발생을 이해하는 데 필요한 충분한 설명을 제공해 줄 수 없다고 주장한다. 그는 이러한 불충분성의 이유가 어디에 있는지를 다음과 같이 말하고 있다. "이러한 설명은 마조히즘이 그 반대쌍인 사디즘과 맺고 있는 정규적이고 밀접한 관계를 이해할 수 있게 해 주는 어떠한 빛도 던져 주지 못한다."[50] 즉 프로이트가 보기에, 마조히즘의 발생을 이해하는 데 필요한 **충분한** 설명이란 마조히즘이 그 반대쌍인 사디즘과 맺고 있는 '정규적이고 밀접한 관계'를 설명해 줄 수 있는 설명이다. 즉 프로이트는 원초적인 마조히즘인 성감발생적 마조히즘이란 그 자체로 이미 진정한 마조히즘인 것이 아니라 단지 이 진정한 마조히즘으로 발전할 수 있는 예비적 소질(물리적·생리적 기반)만을 제공해 주는 것으로 생각하고 있는 것이며, 이 진정한 마조히즘으로의 발전이 이루어질 수 있게 되는 것은 오직 사디즘과의 정규적이고 밀접한 관계에 의해서라고 생각하고 있는 것이다.

---

50 Freud(1924), p.347(한글 번역본, p.422).

그러므로 프로이트는 진정한 마조히즘이란 외부 대상을 향하도록 밖으로 내보내졌던 것이던 죽음 본능의 공격성이 주체 자신에게로 되돌아와(사디즘의 방향전환) 주체 자신이 본래 가지고 있던 '성감발생적 마조히즘의 예비적 소질'을 현실적으로 일깨우는 것에 의해서 발생한다는 것을 다시 한 번 명시적으로 강조한다. "어떤 특정한 관계 하에서는, 외부로 나갔던 사디즘(혹은 파괴 본능)이 다시 내부를 향해 되돌아오는 일이 일어날 수 있다. 이러한 되돌아옴에 의해 이차적 마조히즘이, 즉 원초적인 마조히즘에 덧붙는 이차적 마조히즘이 생겨난다."[51] 원초적인 마조히즘에 덧붙는 이 이차적 마조히즘, 즉 밖으로 나갔던 사디즘이 방향전환에 의해 다시 주체 자신에게 되돌아오게 됨으로써 발생하게 되는 이 이차적 마조히즘이야말로 원초적 마조히즘이 제공하는 소질을 발전시킨 진정한 마조히즘인 것이다. 그러므로 생명 본능과 죽음 본능의 이원론적 구분에 입각한 이 새로운 이해에서도, 마조히즘은 여전히 그것보다 선행하는 사디즘으로부터 파생되어 나오는 것으로, 즉 사디즘의 방향전환

---

51 Freud(1924), p.348(한글 번역본, p.424).

에 의해 발생하는 것으로 이해되고 있는 것이다.

그러므로 이제 마조히즘의 발생원인론을 설명하는 프로이트의 사고에 담긴 핵심적인 내용을 정리해 보자. 정신분석학이 마조히즘을 사디즘의 방향전환에 의해 발생하는 것으로 이해한다는 것은 다음과 같은 것을 의미한다. 주체의 성적 본능은 엄마에 대한 근친상간적 욕망을 꿈꾸지만, 이 욕망은 아버지의 존재에 부딪쳐 좌절된다. 아버지란 주체의 욕망이 요구하는 것을 금지시키는 **법**을 세우는 존재, 즉 주체의 욕망이 자신을 포기하도록 억압하는 존재인 것이다. 정신분석학이 볼 때, 법과 욕망은 정확히 길항拮抗관계에 있다. 법은 욕망 **덕분에** 존재하지만, 즉 법은 욕망이 있기 때문에 존재하는 것이고 만약 욕망이 없었더라면 존재하지 않는 것일 테지만, 욕망이 이처럼 법의 존재를 가능하게 하는 것은 법이 욕망을 **억압하기 위해서** 존재하는 것이기 때문이다. 서로에 대해 이처럼 길항관계에 있는 법과 욕망의 힘은 서로에 대해 정확히 정비례한다. 욕망이 크면 클수록, 그것을 억압하려 하는 법의 힘 또한 커지며, 따라서 욕망이 외부(아버지)를 향해 내보내는 공격성이 강하면 강

할수록, 욕망을 억압하려 하는 법의 힘이 주체에게로 되돌려 보내는 공격성 역시 더욱 강해지는 것이다. 하지만 이러한 정비례 관계는 근본적으로 이 두 힘이 실은 같은 하나이기 때문에 생기는 것이다. 주체의 성적 욕망이 '아버지의 법'이라는 장벽에 부딪쳐, 이 욕망이 본래 가진 그 힘 그대로가 해소되지 않은 채 고스란히 주체 자신에게로 되돌아오는 것, 그것이 이 욕망을 억압하려 하는 법의 힘으로 나타나는 것이다. 프로이트가 말하는 **초자아**superego, 즉 주체의 성적 욕망과 공격성을 주체 스스로가 통제하려 하는 '도덕의식(양심)'을 가진 초자아란 이러한 〈아버지의 법〉이 **내면화**된 것이다. 초자아(도덕의식)가 처음부터 먼저 존재하고 있고 이처럼 먼저 존재하고 있는 초자아에 의해 성적 욕망에 대한 억압이 일어나는 것이 아니라, 아버지의 법에 의한 욕망의 억압이 먼저 이루어지는 가운데 이 억압을 피할 수 없는 운명으로 받아들여야 하는 데서 자아는 자신 속에 초자아를 만들게 되는 것이다. 다시 말해, 주체는 초자아를 가지고 있기 때문에 성적 욕망을 포기하는 것이 아니라, 성적 욕망을 포기해야 했기 때문에 초자아를 갖게 되는 것이다. 자아 **이면서**도 자아가 **아닌** 것 같은, 자아의 일부이면서도 자아 위에 군림하며 명령하는 것 같은 초자아의 **애매한** 위상, 다시 말해 자아가 가진 성적 욕망을 자기 스스로 억제하게 만드는 초자아의 **이중적** 위상이란, 그것이 자아 속의 일부가 된 타자(아버지)이기 때문에 생겨난 것이다. 그러므로 성적 욕망을 억압하는 —즉 성적 욕망을 질책하는(**공격하는**)— 초자아의 강력한 도덕의식이란 실은 아버지의 법에 부딪쳐 주체 자신에게로 되돌아온 성적 욕망의 사디즘적 **공격성**에 다름이 없다. 아버지를 향하던 사디즘적 공격성이 아버지에게서 그 뜻을 이루지 못한 채 주체 자신에게로 되돌아와 주체 자신을 공격하는 것이, 주체의 성적 욕망을 억압하는 초자아의 도덕의식인 것이다. 정신분석학은 마조히즘의 발생원인을 바로 이와 같은 **초자아의 과잉**에서 찾는다. 즉 마조히즘이란 자아의 성적 욕망을 억압하려 하는 초자아의 도덕의식이, 성적 욕망이 가진 사디즘적 공격성을 자아 자신에게로 되돌리기 때문에 발생한다는 것이다. 그러므로 마조히즘을 특징짓는 죄의식이란 자아의 성적 욕망을 **억압되어야할 죄**로 보는 초자아의 강력한 도덕의식에서 비롯되는 것이 된다. 하지만 이를 한 꺼풀 더 벗겨보면, 이 죄의식이라는 것의 진짜 정체는 아버지를 향하던 주체의 사디즘적 공격성이 아버지의 법이라는 벽에 부딪쳐 주체 자신에게로 되돌아올 수밖에 없게 됨에 따라 주체 자신을 공격하는 방식으로만 쓰일 수 있기 때문에 생기는 것이다. 마조히스트는 자신이 지은 죄를 씻기를 원하며(속죄욕망), 그러므로 이 죄를 씻어줄 수 있는 벌로서 고통(매질)이 자신에게 주어지기를 원한다. 그에게 주어지는 고통은 그의 이러한 속죄욕망을 충족시켜 줌으로써, 그에게 쾌락을 ―즉 '욕망(속죄욕망)의 충족'이라는 쾌락을― 가져다줄 수 있는 것이다. 하지만 마조히스트가 자청해서 겪는 이러한 고통은 실은 주체 자신에게로 되돌아온 사디즘적 공격성이 무엇인가를 공격하려 하는 자신의 욕망을 성취하는 것이며, 바로 이 공격성이 이처럼 자신의 욕망을 성취할 수 있게 되는 것에 의해서, 또한 이 공격성이 우리의 몸이 가진 '성감발생적 마조히즘'이라는 예비적 소질을 일깨우는 것에 의해서, 쾌락이 발생하게 되는 것이다. 이것이 프로이트가 마조히즘에게서 발견되는 '고통과 쾌락의 일치'를 설명하는 방식이다.

그러므로 정신분석학이 보기에, 마조히즘이란 아버지의 법에 대한 주체의 절대적 복종을 나타내는 태도이다. 아버지의 법은 주체가 언제나 죄인임을 말하며 ―왜냐하면 주체는 언제나 성적 욕망을 가지고 있기 때문이다. ― 주체가 이러한 아버지의 법에 충실하려 하면 할수록, 그의 죄는 오히려 더욱더 깊어져만 가게 된다. ―왜냐하면 주체는 결코 성적 욕망으로부터 완전히 벗어날 수 없으며, 벗어나려고 하면 할수록 그는 자신을 옭아매는 성적 욕망의 강력한 힘을 더욱더 강하게 의식할 수밖에 없기 때문이다. ― 그러므로 그가 그의 죄로 인해 받게 되는 고통이 크면 클수록, 즉 그가 더욱더 가혹한 매질을 당할수록, 아버지의 법에 대한 마조히스트의 복종은 더욱더 완전한 것이 되며, 그리하여 그는 이로부터 더 큰 쾌락을 얻을 수 있게 된다. 혹은 다시 말해, 마조히스트는 아버지의 법에 대한 자신의 복종을 더욱더 완전한 것으로 만들기 위해, 더욱더 가차 없는 죄의식과 고통(매질) 속으로 자신을 몰아넣으며, 그럴수록 더욱더 큰 쾌락을 얻게 되는 것이다. 이것이 바로 프로이트의 정신분석학이 어떻게 마조히즘의 발생이 '아버지'라는 축을 중심으로 해서 이루어지는 사디즘적 공격성의 방향전환에 의해 이루어지는지를 설명하는 방식이다.

2. 마조히즘의 발생원인론(병인론)에 대한 들뢰즈의 이해

마조히즘의 발생을 설명하는 프로이트의 논리에 대한 들뢰즈의 비판은, 이 논리가 별다른 문제점을 발견하지 못한 채 그대로 받아들이고 있는 일반적인 통념, 즉 마조히즘에서는 '쾌락과 고통의 일치(결합)'가 발견된다고 믿는 일반적인 통념을 비판하는 것에서부터 시작된다. 마조히스트가 자신의 연인과의 관계에서 쾌락을 누리기에 앞서, 먼저 이 연인에 의해 가혹한 고통의 매질을 당하는 의식儀式을 치른다는 사실, 즉 그가 오직 이러한 고통을 먼저 겪는 것을 통해서만 자신이 원하는 성적 쾌락에 이를 수 있다는 사실은, 보통 사람의 성생활과는 너무나 다른 특이한 것이기에 사람들은 이러한 특이성을 곧 '마조히스트란 고통 자체를 쾌락으로 느끼는(고통과 쾌락의 일치) 사람'이라는 것을 말해 주는 것으로 이해하고 있다. 하지만 이는 대중大衆의 피상적인 이해가 낳은, 그렇지만 그것을 그대로 받아들이고 있는 정신분석학의 학문적 권위가 그 위에 더해져 마치 '사실'인 양 굳어져 버린, 한갓 오해에 지나지 않는다. 들뢰즈에 따르면, 마조히스트 역시 보통 사람들과 마찬가지로 고통을 오로지 고통으로만 느끼며 또한 오직 쾌락만을 쾌락으로 느끼는 사람이다. 마조히스트라고 해서 이 둘을 결코 같은 것으로 느끼는 것은 아니다. 다만 마조히스트의 특이성이란, 자신이 원하는 성적 쾌락을 얻을 수 있기 위해서는, 이보다 앞서 먼저 자신의 연인으로부터 매질당하는 고통을 반드시 겪어야만 한다는 데 있다. 마조히즘을 '고통과 쾌락의 일치'로 생각하는 것은 "이러한 **시간적 선후 관계**를 **논리적 인과 관계**로 혼동하는 것에서 비롯된 오해이다. 고통은 결코 쾌락을 낳는 **원인**이 아니라 단지 쾌락의 도래를 위해 반드시 필요한 **선행 조건**일 뿐이다."[52]

물론 고통 자체에서 쾌락을 느낄 수 있는, 그러므로 고통과 쾌락 사이에 정말로 논리적 인과 관계(일치의 관계)가 있을 수 있는, 그러한 경우가 실제로 있을 수도 있을 것이다. 프로이트의 성감발생적 마조히즘이란 이와 같은 경우를 설명해 줄 수 있는 개념일 것이다. 하지만 이런 경우가 실제로 있다 하더라도, 그것은 마조히즘과는 무관한 다른 경우일 뿐이다. 마조히즘은 '고통-성애증algolagnia'이라는 이름으로 불릴 수 있는 이러한 경우

---

52 *PSM*, p. 78([英], p. 89).

와는 다른 것으로 구분되어야 한다. 들뢰즈는 고통성애증이 없는 마조히즘이 있으며, 거꾸로 마조히즘이 없는 고통성애증이 있다는 사실을 지적한다.[53] 이 같은 사실은 고통성애증이 ―즉 고통과 쾌락의 일치가― 마조히즘을 위한 **충분조건**이 아니며, 또한 더 나아가 **필요조건**도 되지 못한다는 것을 말해 주는 것이다.

그러므로 마조히즘이란 프로이트의 성감발생적 마조히즘이라는 개념에 의해 설명될 수 있는 것이 아니다. 이 개념은 '고통과 쾌락의 일치'라는 증상이 어떻게 발생할 수 있는지를 설명해 주는 것이지만, 마조히즘은 이러한 증상을 보이는 고통성애증이 아니기 때문이다. 프로이트는 '고통과 쾌락의 일치'를 마조히즘에게서 발견되는 **사실**이라고 생각하고, 이 사실을 설명해 줄 수 있는 '성감발생적 마조히즘'이라는 개념에 의존해, 마조히즘을 사디즘의 방향전환에 의해 발생하는 것으로 설명해 나간다. 하지만 그가 사실이라고 생각한 것은 실은 '사실'이 아니라 이미 그의 구미에 맞게 왜곡된 '가공의 추상'일 뿐이다. 마조

---

53 *PSM*, p.16([英], p.16).

히즘을 사디즘의 방향전환에 의해 발생하는 것으로 설명하는 그의 논리는 마조히즘의 사실이 아니라 이 사실을 다른 곳으로 밀어내고 있는 이 '가공의 추상'을 설명하고 있는 것이다.

하지만 마조히스트가 고통에서 쾌락을 느끼는 자가 아니라면, 그는 도대체 **왜** 자신이 원하는 성적 쾌락을 얻기 위해 그보다 먼저 반드시 고통을 겪어야만 하는 것일까? 이러한 기이한 특성은 대체 무엇을 의미하는 것일까? 마조히스트가 겪는 이 고통이 그가 짓고 있는 어떤 **죄**에 대한 **대가(벌)**라는 것은, 즉 그가 짓고 있는 죄를 씻어내기 위한 속죄의 의식을 나타내고 있는 것이라는 것은 분명하다. 죄의식과 속죄욕망이 마조히즘에서 두드러지게 나타나는 증상이라는 것은 틀림없는 **사실**이며, 프로이트는 이 사실을 자신의 오이디푸스-콤플렉스 이론의 정당성을 확인해 줄 수 있는 것으로, 즉 마조히스트가 짓고 있는 죄란 엄마에 대한 그의 근친상간적 욕망을 가로막고 있는 아버지에 대해 그가 내보이는 사디즘적 공격성에 있는 것으로 설명하고 있는 것이다.[54] 그런데 들뢰즈는 마조히스트가 짓고 있

---

54 즉 프로이트에 따르면, '마조히스트의 죄'는 '아버지에 대해 사디즘적 공격성을 나

는 죄의 의미와 또한 그가 이 죄로 인해 겪게 되는 고통의 의미가 무엇인지를 알기 위해서, 이 고통이 마조히스트에게 가져다주는 **묘한 결과**에 주목할 것을 주장한다. 마조히스트는 고통을 겪지만, 그가 겪는 바로 이 고통의 **결과**로, 그가 원하던 성적 쾌락을 향유하는 데 성공적으로 도달하게 된다는 것이다. 즉 그가 겪는 고통은 원래 그의 성적 욕망에 대한 벌罰로서 주어지는 것이므로, 따라서 이 벌의 원래 목적은 그의 성적 욕망을 단념케 하는 데 있는 것이겠지만, 그는 이 벌이 주는 고통을 받는 **결과**로서, 이 벌의 이러한 원래 의도와는 **거꾸로**, 이 벌이 단념시키려 하는 그의 성적 욕망의 충족에 ─즉 성적 쾌락의 향유에─ 도달하게 된다는 것이다.[55] 벌의 기능이나 목적을 완전히 거꾸로 뒤집어버리는 듯한 이러한 역전逆轉, 이것이 대체 무엇

타낸 죄'이다.

[55] "마조히스트가 치르는 고통의 의식(儀式)을 볼 때마다 사람들은 다음과 같은 사실에 놀라게 된다. 법의 엄격한 적용이 마조히스트에게서는, 사람들이 통상적으로 이러한 법의 적용이 가져올 것으로 기대하는 것과는 반대되는 결과를 가져오는 것이다. 예컨대, 마조히스트가 겪는 채찍질 ─법의 엄격한 적용─ 은 그의 성기가 발기(勃起)하는 것을 벌하는 것이 되거나 발기하지 못하도록 막는 것이 되는 것이 아니라, 오히려 그러한 발기를 조장하는 것이 되고 그러한 발기가 확실하게 일어나도록 만드는 것이 된다." ─ *PSM*, p.78([英], p.88).

을 의미하는지를 다시 한번 설명해 보자. 아버지의 법은 주체에게 그가 법을 어길 시 받게 될 고통(벌)의 위협(주체의 페니스의 거세라는 위협)을 가함으로써, 주체의 성적 욕망(엄마에 대한 근친상간적 욕망)이 쾌락(욕망의 충족)을 추구하는 것을 금지하려 한다. 즉 고통(벌)의 원래 기능은 성적 욕망이 쾌락을 맛보려 하지 못하도록 **예방하는** 데 있는 것이다. 그런데 마조히스트는 이 고통(벌)을 **먼저** 자청해서 받음으로써, 이 고통(벌)이 가지고 있던 이러한 위협의 힘을 미리 다 소진消盡시키며, 그리하여 이 위협의 힘에 의해 지탱되고 있던 고통(벌)의 예방적인 기능을 **무력화시킨다**. 즉 쾌락을 추구하면 그에 대한 대가(결과)로 고통(벌)을 받게 될 것이라는 것이 아버지의 법이 세우는 원래의 논리이지만, 마조히스트는 **선제적으로** 고통(벌)을 먼저 받음으로써 이 논리의 앞뒤 순서를 뒤집는다. 즉 먼저 자청해서 매질(거세를 대신하는 매질)의 고통(벌)을 당함으로써, 이 고통(벌)의 위협이 금지하고 있던 쾌락을 맛볼 수 있는 **면죄부**를 미리 얻게 되는 것이다.[56][57] 마조히즘에서 나타나는 '고통과 쾌락의 연관'이 논리적

---

56 학창 시절 몰래 숨어서 담배를 피우다가 선생님에게 들켜 벌을 받아(매를 맞아) 본

인과 관계(일치의 관계)가 아니라 시간적 선후 관계인 것은, 즉 마조히스트가 그의 연인과의 성적 관계에서 먼저 고통을 겪고 난 연후에야 비로소 쾌락을 맛볼 수 있게 되는 것은, 아버지의 법을 뒤집는 마조히스트의 이와 같은 반전의 논리를 나타내고 있는 것이라고 들뢰즈는 주장한다.

프로이트의 정신분석학은 자청해서 고통(벌)을 받는 마조히스트의 성향에서 아버지의 법에 대한 절대적인 복종의 태도를 보려 한다. 실로 마조히스트가 자청해서 고통을 받을 때, 그의 이러한 태도는, 쾌락을 맛보려 하면 벌을 받게 되리라고 명하는 아버지의 법에 대한 가장 충실한 복종의 자세를 보여 주고 있는 것으로 보일 수도 있을 것이다. 하지만 들뢰즈에 따르면,

---

적이 있는가? 그렇다면 아마 정작 실제로는 담배를 피우지 않았는 데도 혐의만으로도 (재수없게) 매를 맞아 본 적도 있을 것이다. 그리고 이렇게 되면 그 다음은 '에라, 어차피 재수없게 이왕 이렇게 미리 한 대 얻어맞은 거, 담배나 한 대 피우자'라는 심리가 발동하게 된다. 지금 이야기하는 마조히스트의 논리는 이와 비슷한 것이다.

57 "법은 원래, 벌의 고통이 그 대가(결과)로 **뒤따를 것**이라고 위협함으로써, 성적 욕망을 금지시키는 것이다. 그런데 이 법이 이제는 벌의 고통을 **먼저 앞세움으로써**, 그러한 벌의 고통을 **먼저** 겪은 주체로 하여금 오히려 그 **결과**로, 성적 욕망의 충족을 맛볼 수 있게 만든다." — PSM, p.78([英], pp.88~89).

그가 실제로 하고 있는 일은 이와 정반대되는 것이다. 그는 그의 성적 욕망으로 인해 받아야 할 모든 고통(벌)을 가장 충실히 **미리** 다 받음으로써, 실은 이러한 고통(벌)이 가지고 있던 금지의 효력을 **소진시키고** 있는 것이며, 그리하여 아버지의 법이 이러한 고통(벌)을 통해 금지하고자 했던 쾌락을 맛볼 수 있는 자유(아버지의 법으로부터의 해방)를 얻고 있는 것이다.

누군가의 명령을 **곧이곧대로** 따르는 것이 실은 그 명령이 원하지 않는 결과를 가져옴으로써, 그 명령을 배반하게 되는 경우가 있다. 명령에 처음부터 맞서는 것이 아니라, 그것에 고분고분 복종하는 척함으로써 **결과적으로** 그것이 결코 원하지 않았던 **결과**를 가져와 그것을 **우스꽝스러운 것**이 되도록 만들어 버리는 방법, 들뢰즈는 이러한 전복의 방법을 **유머**(풍자, 조롱)라 부른다.[58] 죄를 지으면 그 대가로 벌을 받게 되리라고 위협하는 아버지의 법의 논리를, 먼저 한껏 벌을 받았으니 이제 죄를 지어도 괜찮게 되었다는 논리로 역전시키는 마조히스트는 이러한 유머의 방법을 가장 탁월하게 구사하는 자일 것이다. 아버지

---

[58] 유머에 대한 들뢰즈의 이러한 논의에 대해서는 *PSM*, pp.71-79([英], pp.81-90) 참조.

의 법에 대한 가장 충실한 복종을 나타내는 듯이 보이는 마조히스트의 태도는 실은 오히려 이 법이 금지하는 쾌락을 맛보기 위한 유머의 수단으로 반전된다. 정신분석학이 '아버지의 법에 대한 절대적 복종의 태도'를 발견하는 그곳에서, 들뢰즈는 아버지의 법을 **비꼬고 조롱하는** 마조히스트의 유머를 본다. 아버지의 법에 대한 절대적 복종의 태도가 아니라 아버지의 법을 뒤엎으려는 가장 과격한 전복의 태도, 들뢰즈에 따르면 이것이 마조히즘의 진실이다.

마조히즘의 이와 같은 유머는 마조히스트의 죄가 '아버지를 공격하려 한 것'에 있는 것이 아님을, 그가 죄의식을 가지게 되는 것이 이런 이유 때문이 아님을 보여 준다. 그러므로 당연히 그가 겪는 고통의 의미도 '오이디푸스적인 살부殺父충동을 가진 것에 대한 속죄의 대가(벌)를 치르는 것' 같은 것이 아니게 된다. 프로이트의 오이디푸스-콤플렉스 모델은 마조히스트의 이와 같은 유머를 설명해 주지 못하며, 아버지의 법에 대해서 그처럼 그것을 **조롱하고 비꼬는** 유머로 대응하는 마조히스트가 그럼에도 불구하고 정작 무엇 때문에(무엇에 대해서) 그토록 심한 죄의식과 고통을 느끼게 되는지를 설명해 주지 못한다.

마조히스트의 죄가 아버지를 공격하려 한 데 있는 것이 아님을, 그러므로 마조히즘의 진실이란 오이디푸스-콤플렉스 모델로써 설명될 수 있는 것이 아님을 보여 주는 또 하나의 중요한 사실은 바로 마조히스트에게 매질의 고통을 가하는 사람이 **여자(엄마)**라는 사실이다. 죄에 대한 벌이란 죄가 지어진 대상으로부터 와야 하는 것이므로, 마조히스트에게 벌(매질의 고통)을 가하는 사람이 엄마라는 사실은 그의 죄가 아버지를 향한 공격성에 있는 것이 아님을 말해 주는 것이다. 마조히스트에게 그의 죄를 묻고 이 죄에 대한 고통의 벌을 내리는 사람이 아버지가 아니라 엄마라는 사실, 프로이트의 정신분석학이 자신의 금과옥조인 오이디푸스-콤플렉스 이론을 지켜 내기 위해 마조히스트를 벌하는 이 엄마를 한사코 '아버지의 위장된 모습'으로 해석해 내려 하는 이 사실, 마조히스트의 죄가 무엇이며 그가 겪는 고통의 의미가 무엇인지를 해명하는 것은 바로 이 사실의 의미가 무엇인지를 밝히는 데 달려 있을 것이다.

우리는 앞에서, 마조히스트가 매질당하는 것은 설령 그를 매질하는 사람이 아버지가 아니라 엄마라 할지라도, 그의 **자연성**을 극복하기 위한 것임을 —즉 보다 구체적으로 말해, 그의 **성**

적 욕망의 자연적인 모습을 극복하기 위한 것임을— 보았다.[59] 마조히스트가 엄마에 의해 매질당하는 것은, 들뢰즈에 따르면 여인을 **감각적으로 탐하는 그의 자연적인 육욕의 상태**로부터 벗어나, 초감각적인 존재로 자신을 변형시키기 위해 감수해야 할 고통을 치르는 것임을 우리는 보았던 것이다. 그런데 정신분석학이 말하는 상징적 질서, 즉 아버지의 법에 의해 수립되는 상징적 질서란, 주체가 가진 **성적 욕망의 자연적인 모습**이 엄마에 대한 근친상간을 추구하는 것으로 나아가기 때문에 이를 억압하기 위해 수립되는 것이었다. 그러나, 마조히스트를 매질하는 것이 아버지가 아니라 엄마라면, 다시 말해 마조히즘의 상징적 질서를 수립하는 것이 '아버지의 법'이 아니라 '엄마의 법'이라면, 이러한 엄마의 법이 주체의 **성적 욕망의 자연적인 모습**을 벌하려 하는 이유는 아버지의 법이 그것을 벌하려고 하는 이유와는 달라야 할 것이다. 과연 마조히즘의 이 엄마의 법은 무슨 이유로 주체의 성적 욕망의 자연적인 모습을 벌하려 하는 것일까? 마조히스트가 엄마에 대한 그의 근친상간적 욕망 때문에 매질당하

---

[59] 앞의 I장 6.(마조히즘의 '상징적 질서': 엄마의 '상징적 기능') 참조.

는 것이 아니라면, 그는 무엇 때문에 매질당하게 되는 것일까? 그는 무엇에 대해 죄의식을 가지고 있는 것이며 무엇을 위해 이러한 속죄의 고통을 치르고 있는 것일까?

들뢰즈는 마조흐의 작품들에서 나타나는 다양한 고통의 의식들, 즉 마조히스트인 주인공이 그의 연인에 의해 매질당하는 상황이 연출되는 다양한 의식들에 대한 분석을 통해, '엄마에게 매질당한다'는 사실이 의미하는 것이 무엇인지를 다음과 같이 말하고 있다. "이 모든 것은 우리에게 단성생식에 대해 말해주고 있다."[60] 즉 들뢰즈에 따르면, 앞의 I장에서 말한 바와 같이, 마조히스트가 엄마에게 매질당하는 이유는, 그가 아버지와 엄마 둘 다에 의존하는 양성생식의 방법에 의해 태어난 자신의 '자연적 존재성'을 부인하고, 그 대신에 오로지 엄마에만 전적으로 의존해서 다시 새롭게 태어나는 것(엄마에만 의존하는 단성생식에 의한 재탄생)을 추구하기 때문이다.

마조히스트가 추구하는 이러한 단성생식에 의한 재탄생이라는 것이 대체 무엇을 말하는 것일까? 마조히스트는 왜 그토록

---

60 *PSM*, p.83([英], p.95).

커다란 고통을 감내해 가며, 이런 이상한 것을 추구하는 것일까? 마조히즘의 정체를 탐색해 온 우리의 여정이 꽤 오래 진척되어 왔음에도 불구하고 이 수수께끼를 풀어 줄 열쇠는 아직도 여전히 먼 곳에 숨어 있는 것으로 보인다. 하지만 마조히스트가 엄마에게 매질당하는 이유가 이와 같은 단성생식에 의한 재탄생이 이루어지도록 하기 위한 데 있는 것이라면, 이러한 매질의 고통이 벌주려 하는 마조히스트의 **죄**가 무엇인지에 대해서는 지금 분명히 이해할 수 있게 된다. 정신분석학은 이 매질을 '주체가 아버지에 대해 죄를 지었기 때문에' 주어지는 것으로, 그러므로 매질의 고통(벌)을 받아야 할 주체(마조히스트)의 죄란 '그가 아버지에 대해 사디즘적 공격성을 나타낸 데 있는 것'으로 이해하려 하지만, 만약 이 매질이 아버지가 아니라 엄마에 의해 주어지는 것이며 또한 마조히스트가 이러한 매질의 고통을 겪게 되는 이유가 엄마에만 의존하는 단성생식의 방법에 의해 다시 새롭게 태어나기 위한 것이라면, 이 매질은 매질당하는 마조히스트의 **자연적 존재**에게서 아버지가 본래 차지하고 있는 몫을 제거하기 위해, 즉 아버지와 엄마의 결합(양성생식)으로 생겨난 마조히스트의 **자연적 존재**에게서 아버지로부터 비롯된 부분을 지워버리기 위해 행해지는 것이 된다. 왜냐하면 엄마에만 의존하는 단성생식의 방법에 의해서 다시 새롭게 태어날 수 있기 위해서는, 아버지와 엄마의 결합이라는 양성생식의 방법을 통해서 본래 태어난 마조히스트의 **자연적 존재** 속에서 아버지가 차지하고 있는 몫을 제거해 낼 수 있어야만 하기 때문이다. 그러므로 마조히스트가 겪는 매질이란, 매질당하는 마조히스트의 자연적 존재 속에 자리 잡고 있는 '아버지의 모습(아버지가 차지하고 있는 몫)'에 대해 가해지는 것, 즉 이 '아버지의 모습'을 몰아내기 위해 가해지는 것이며, 따라서 주체는 아버지**에 대해** 죄를 지었기 때문이 아니라 주체 자신의 모습 **속에** 아버지가 **들어와 있기** 때문에 매질당하는 것이다. 다시 말해, 매질당해야 할 그의 **죄**란 그가 아버지에 대해 사디즘적 공격성을 내보였다는 데 있는 것이 아니라 그의 자연적 존재 속에 '아버지의 모습'이 들어와 있다는 데 있는 것이다.[61] "죄인은 아들 속에 들어와 있는 아버지이지, 아버지에 대한 아들이 아니다."[62]

---

[61] "그의 죄는 아버지에 대해서 저질러진 것이 아니다. 그 반대로, 죄가 되는 것은 그의 속에 들어와 있는 '아버지에 대한 닮음(la ressemblance du père)'이다." — *PSM*, p.88([英], p.101).

그러므로 마조히스트가 엄마에게 매질당할 때 진정으로 매질당하고 있는 것은 '아버지에 대해 죄를 지은 **아들**'이 아니라 '아들 속에 들어와 있는 **아버지**'이다. 마조히즘의 진실은 정신분석학이 믿듯이, '(아버지에게 죄를 지은) 아이가 매질당한다'는 데 있는 것이 아니라, '(아이 속에 들어와 있는) 아버지가 매질당한다'는 데 있는 것이다.[63] 마조히즘에 대한 정신분석학의 이해는 마조히스트를 매질하는 엄마 속에 숨어 있는 아버지의 존재를 찾아내려 하지만, 실은 아버지가 숨어 있는 곳이 있다면, 그것은 마조히스트를 매질하는 엄마 속이 아니라 엄마에 의해 매질당하는 마조히스트 속인 것이다. 그러므로 엄마의 법이 벌하려 하는 마조히스트의 **죄**가 되는 것, 다시 말해 마조히스트가 엄마로부터 주어지는 매질의 고통을 겪음으로써 극복하려 하는 그의 **자연성**을 이루고 있는 것, 그것은 바로 마조히스트가 —즉 그의 **자연적 존재**가— 아버지와 엄마의 결합에 의한 양성생식의 방법에 의해 태어난 존재라는 사실 자체, 다시 말해 그의 **자연**

---

62 *PSM*, p.88([英], p.101).

63 "매질이 실제로 향하는 대상은 아버지, 혹은 아들 속에 들어 있는 '아버지의 이미지'이다." — *PSM*, p.86([英], p.99).

적 존재 속에 아버지가 들어와 있다는 사실 자체이다.

그러므로 마조히스트가 죄의식을 가지게 되는 것은 정신분석학이 믿듯이 '아버지에 대한 그의 공격성' 때문이 아니라 '그의 속에 들어와 있는 아버지' 때문이며, 따라서 그의 속죄욕망이 희구하는 것도 아버지로부터 벌을 받고 그에게 복종하려 하는 것이 아니라 오히려 아버지(자신 속에 들어와 있는 아버지)를 벌주고 그로부터 벗어나려 하는 것이다. 아버지의 법을 비꼬고 조롱하려 하는 마조히스트의 유머는 바로 이렇게 해서 성립하게 되는 것이다.

그런데 주체 속에 들어와 있는 이 '아버지의 모습'이란 대체 무엇인가? 다시 말해, 마조히스트의 자연적 존재에서 본래 아버지가 차지하고 있는 몫이란 대체 무엇인가? 아들 속에 들어와 있는 아버지란 아들이 아버지로부터 **자연적으로** 물려받고 있는 **남성성**을, 즉 마조히스트가 **남자**로서의 그의 자연적 존재로 인해 본래부터 가지고 있는 그의 **자연적인 남성성**을 의미하는 것임이 틀림없다. 그러므로 아들 속에 들어 있는 아버지란 또한, 이 자연적인 남성성이 가지고 있는 **남성적인 성적 욕망**을, 즉 **여자를** ―최초의 여자는 엄마이다.― **감각적으로 탐하는 남성적인**

성적 욕망을 의미하는 것이기도 하다. 그러므로 마조히스트가 엄마로부터 가해지는 매질의 고통을 겪는다는 것은, 그의 자연적 존재가 가지고 있는 이러한 남성적인 성적 욕망을 내쫓으려 한다는 것을 의미한다. "매질당하는 것은, 이러한 매질의 의식을 통해 부인되고 내쫓기고 있는 것은, 아버지에 대한 닮음, 즉 아버지로부터 물려받고 있는 남성적인 성적 욕망이다."[64] 그러므로 이러한 매질의 고통을 겪음으로써 새롭게 다시 태어나게 되는 **새로운 인간**이란, 다시 말해 엄마에만 의존하는 단성생식의 방법에 의해 다시 태어나게 되는 이 **새로운 인간**이란, 더 이상 **남자**가 아니게 된다. 즉 이 새로운 인간이란 더 이상 **여자와 구분되고 대비되는 것**으로서의 남자가 아니게 된다. 이 새로운 인간이란 그의 자연적 존재가 본래 가지고 있던 자연적인 남성성으로부터 벗어난 존재, 더 이상 여자를 감각적으로 탐하는 남성적인 성애性愛의 방식으로부터 벗어난 존재, 그러므로 여자와 구분되는 남자로서의 자연적인 정체성을 탈피하여, 남자와 여자 사이에 그어져 있는 자연적인 구분을 넘어서게 된 새로운

----

64 *PSM*, p.87([英], p.100).

존재인 것이다. "마조흐의 소설 속에서 끊임없이 계속 반복되고 있는 이 주제, 즉 '내(엄마)가 너(아들)를 새로운 인간으로 만들었다'는 이 주제는 무엇을 의미하는 것일까? '새로운 인간(남자)'이란 무엇을 의미하는 것일까? 그것은 아버지처럼 한다거나 아버지의 자리를 대신 차지한다는 것을 의미하는 것이 전혀 아닌 것으로 보인다. 그 반대로, 그것은 아버지의 자리나 아버지에 대한 닮음을 지워 없애버림으로써 전혀 다른 새로운 인간(남자)으로 다시 태어난다는 것을 의미한다."[65]

그러므로 마조히스트가 매질의 고통을 당할 때, 이 매질은 정신분석학이 믿듯이 엄마에 대한 그의 근친상간적 욕망을 **억압하기 위해** 행해지는 것이 아니라 오히려 이 근친상간적 욕망

---

65 *PSM*, p.86([英], p.99). 이 인용문에서 '새로운 인간(남자)'으로 옮긴 말의 원표현은 'a new man(un nouvel homme)'이다. 영어의 man과 마찬가지로 불어의 homme 역시 '인간'과 '남자' 둘 다 나타내는 중의적인 말이다. 엄마의 매질을 통해 새롭게 태어나게 된 마조히스트는 물론 남성적인 성적 욕망으로부터 벗어난 새로운 **인간**이지만, 그럼에도 불구하고 그는 여전히 여자와의 성적 관계를 추구하는 —물론 통상적인 성애의 방식을 넘어서는 새로운 방식으로 그것을 추구하기는 하지만— 존재라는 점에서는 **남자**라고 할 수 있다. 그러므로 단성생식을 통해 다시 태어나는 이 '새로운 인간'을 '새로운 남자'의 의미로 받아들여도 좋다고 생각해서, '새로운 인간(남자)'으로 옮기게 되었다.

의 실현을 **가능하게 해 주기 위해** 행해지는 것이 된다. 어째서 그러한가? 마조히스트가 엄마에만 의존하는 단성생식의 방법에 의해 다시 새롭게 태어나고자 한다는 것, 그것은 그가 **엄마의 몸을 빌려** 다시 새롭게 태어나고자 한다는 것을, 그러므로 그가 엄마의 몸을 빌리기 위해 **엄마와 한 몸**同體**이 되고자** 한다는 것을 의미한다. 즉 그는 다시 태어나기 위해 ─'태어난다'는 것은 언제나 엄마의 몸을 빌려 태어난다는 것이다.─ 엄마와 한몸이 되고자 하는 욕망을, 즉 엄마에 대한 근친상간적 욕망을 꿈꾸고 있는 것이다. 그런데 마조히스트가 엄마로부터 겪는 매질의 고통은 마조히스트가 꿈꾸는 이와 같은 근친상간적 욕망을 실현시켜 줄 수 있는 수단이 되어 준다. 어떻게 그럴 수 있는가? 실로, 엄마와의 근친상간을 금지하는 아버지의 법은 주체의 '남성적인 성적 욕망'을 ─이 욕망이 엄마에 대한 근친상간적 욕망으로 전개되는 것을─ 억압하기 위해 존재하는 것이었다. 그런데 앞에서 보았듯이, 이 '남성적인 성적 욕망'과 그것을 억압하는 이 '아버지의 법' 사이에는 서로에 대한 **적대적인 공생의 관계**(길항관계)가 성립한다. 즉 아버지의 법은 이 '남성적인 성적 욕망'을 억압하기 위해 존재하는 것이지만, 바로

그렇기 때문에 이 '남성적인 성적 욕망'이 존재하는 **한에서만**
—즉 오직 그 **덕분에만**— 존재할 수 있는 것이다. 그러므로 이
둘은 하나(남성적인 성적 욕망)가 사라지면, 나머지 다른 하나(아
버지의 법)도 자동적으로 무력화될 수밖에 없는 관계에 있다. 억
압되어야 할 항이 사라지면, 억압하는 항 역시 더 이상 존재의
이유를 가질 수 없게 되는 것이다. 그런데 엄마가 마조히스트
에게 가하는 매질은 바로 그의 존재 속에 들어 있는 이 남성적
인 성적 욕망을 제거하기 위해 행해지는 것이었다. 그러므로
마조히스트에게 가해지는 이 매질은 바로 이 남성적인 성적
욕망을 제거함으로써, 이 남성적인 성적 욕망을 억압하기 위해
존재하고 있는 아버지의 법마저, 즉 엄마와의 근친상간을 가로
막고 있는 이 아버지의 법마저 무력화시킨다. 마조히스트에게
가해지는 매질은 이처럼 아버지의 법을 무력화시킴으로써, 그
것이 가로막고 있던 '엄마와의 근친상간'이 실현될 수 있게 해
주는 것이다.[66]

---

[66] "거세(거세를 상징하는 매질)는 보통 근친상간을 가로막는 위협이지만, 매질하는 사
람이 엄마일 경우, 그것은 반대로 근친상간의 성공을 위한 조건이 된다." — *PSM*,
p.81([英], p.93).

그러므로 마조히스트에게 그의 연인과의 성적 결합이란, 즉 오로지 이 연인으로부터 먼저 가혹한 매질의 고통을 당한 다음에야 비로소 이루어질 수 있는 이 성적 결합(이 연인과의 **한 몸 됨**)이란, 그가 꿈꾸던 엄마와의 근친상간적 결합이 ―먼저 자신의 자연성 속에 들어 있는 '남성적인 성적 욕망'을 극복할 수 있는 연후에야 이루어질 수 있는 이 근친상간적 결합이― 실현되는 것을 상징한다. 마조히스트가 그의 연인과 맺는 이 성적 결합은 그가 엄마와의 근친상간을 통해 ―즉 엄마와 **한몸**이 되는 것을 통해― 오로지 엄마에만 의존하는 단성생식의 방법에 의해 다시 새롭게 태어나게 된다는 것을 상징하고 있는 것이다.[67]

일견, 프로이트와 들뢰즈는 엄마에 대한 근친상간적 욕망을 갖게 되는 것이 성적 욕망의 **자연적인** 발전 방향이라고 보는 데 있어서 서로 일치되는 생각을 갖고 있는 듯 보인다. 이 둘의 차이는, 프로이트가 마조히즘을 성적 욕망의 이 자연적인 발전

---

[67] "이리하여 마조히스트는 자신의 성적 행위(자신의 연인과의 성적 행위)를 엄마와의 근친상간적 결합과 같은 것으로 동일화시키며, 또한 동시에 새로운 탄생(두 번째 탄생)과도 같은 것으로 동일화시킨다." ― *PSM*, p.81([英], p.94).

방향이 **억압되기** 때문에 발생하는 것으로 이해하는 반면, 들뢰즈는 마조히즘을 이 자연적인 발전 방향이 자신을 **그대로 밀고 나가려 하기** 때문에 발생하는 것으로 이해하고 있다는 데 있는 것으로 보인다. 하지만 중요한 것은 이 둘의 이러한 차이가 실은 성에 대한 그들의 근본적으로 서로 다른 이해로부터 비롯되는 것이라는 것이다. 프로이트는 엄마에 대한 근친상간적 욕망을 통상적인 '남성적인 성애적 욕망'으로 ―즉 여자를 감각적으로 탐하는 욕망으로― 이해하는 반면, 그리하여 엄마에 대한 이러한 성적 욕망을 마땅히 억압되어야 할 것으로 보는 반면, 들뢰즈는 마조히즘에서 발견되는 엄마에 대한 이 근친상간적 성적 욕망이란 오히려 이러한 남성적인 성애적 욕망을 **스스로 초월하려** 하는 것으로 이해하고 있는 것이다. 그렇기 때문에 들뢰즈는 엄마와의 근친상간적 결합을 추구하는 마조히스트의 이 욕망을 때로 '**탈성화**脫性化된desexualised' 성격의 것으로, 즉 '성적 욕망으로부터 벗어난' 성격의 것으로 말하기도 한다.[68] 이 책

---

68 "(마조히즘 같은) 도착증에서는 탈성화가 더욱 분명하게 발생한다." ― *PSM*, p.101 ([英], p.117).

"성애를 탈피한 인간(Man who knows no sexual love)" ― *PSM*, p.87([英], p.100).

의 모두에서 소개된 마조흐의 말이 이야기하고 있듯이, 엄마와의 근친상간을 추구하는 마조히스트란 바로 그러한 추구를 통해 "성적 사랑과 욕망으로부터 벗어난, 그리하여 돈, 재산, 국가, 싸움, 노동 등으로부터 완전히 벗어난" 새로운 인간으로 거듭날 것을 추구하고 있는 것이다.

하지만 이 '탈성화'라는 말의 의미를 주의깊게 이해해야 한다. 감각적 육욕으로서의 성적 욕망으로부터 벗어난다는 것을 의미하는 이 말은, 하지만 그럼에도 불구하고 결코 '성(성적 욕망)으로부터 벗어난다'는 것을 의미하는 것이 아니다. 즉 들뢰즈가 마조히즘에 대해서 말하고 있는 이 탈성화란 결코 '성이 아닌 다른 것에 의해서 성(성적 욕망)을 극복한다는 것'을 ―즉 '성적 욕망을 성적 욕망이 아닌 다른 욕망이 되도록 만든다는 것'을― 말하는 것이 아니다. 프로이트에게 탈성화란 언제나 '성이 아닌 다른 것에 의해서 성을 부정하는 것'을, 다시 말해 '성적 욕망으로 하여금 성적 쾌락이 아닌 다른 목표[사회적으로 권장 받을 만한 비非성적인 목표]를 추구하도록 함으로써 **대리만족**을 얻을 수 있도록 하는 것'을 의미한다.[69] 하지만 들뢰즈가 마조히즘에 대해 말하고 있는 이 탈성화란 이런 프로이트적인 의미

에서의 탈성화가 아니라, 단지 성이 자신의 자연적으로 주어져
있는 현실적 모습인 '감각적 욕망'의 모습을 스스로 극복한다
는 것을 의미하는 것이며, 그리하여 이 감각적 욕망의 모습과
는 다른 새로운 모습으로 성 자체가 자기 자신을 변형시킨다는
것을 의미하는 것이다. 마조히즘에서 나타나는 탈성화가 '성
이 아닌 다른 것에 의한 —혹은, 성이 아닌 다른 것으로의— 성
의 극복이나 부정'이 아니라 **'성의 자기변형'**이라는 것을 결정적
으로 말해 주는 중요한 사실이 있다. 그것은 마조히스트가 이
러한 탈성화의 과정을 통해 최종적으로 도달하려 하는 목표가
바로 **'성적 쾌락'**이라는 사실이다. 즉 마조히스트가 이러한 탈
성화를 통해 궁극적으로 추구하는 것은 자신의 **'성적 욕망의 충
족'**인 것이다. 앞에서도 보았듯이, 마조히스트는 자신의 연인
에 의해 매질당하는 과정을 겪지만 —즉 탈성화의 과정을 겪지
만—, 바로 이 과정을 거치는 것을 통해 (엄마와의 근친상간적 결합
의 성공을 상징하는) 자신의 연인과의 성적 결합을 이룰 수 있게
되고, 이를 통해 자신의 성적 욕망을 충족시키는 성적 쾌락을

---

69 잘 알려져 있듯이, 프로이트는 이러한 대리만족을 '승화(昇化)'라 부른다.

얻을 수 있게 된다. 즉 마조히즘의 최종적인 목표는, 들뢰즈가 그 사실을 여러 차례 강조하고 있듯이 탈성화에 있는 것이 아니라 이러한 탈성화의 과정을 거쳐 최종적으로 도달하게 되는 '재再성화resexualization'에 있는 것이며,[70] 이러한 재성화란 이처럼 탈성화의 과정을 거쳐 새로운 모습으로 자기변형을 이루게 된 성적 욕망이 그렇게 변형된 자신의 욕망을 —즉 감각적(성애적) 욕망이 아닌 초감각적인 욕망으로 자기 자신을 변형시킨 욕망이기는 하지만, 그럼에도 불구하고 여전히 (다른 어떤 욕망이 아닌) **성적 욕망**인 이 욕망을— 충족시켜 주는 **성적 쾌락**에 도달하게 되는 것이다. (그러므로 마조히스트가 최종적으로 성취하게 되는 이 성적 쾌락 역시 감각적인 쾌락이 아니라 초감각적인 쾌락으로 변형된 쾌락일 것이지만, 그럼에도 불구하고 그것은 여전히 '성적 쾌락'이다.) 탈성화가 그 것보다 더 궁극적인 목표인 재성화를 이루기 위한 한 과정이라

---

70 "(마조히즘 같은) 도착증에서는 탈성화가 더욱 분명하게 발생한다. (…) 하지만 이러한 탈성화에 뒤이어 재성화가 곧 따라붙는다." — *PSM*, p.101([英], p.117).
"모든 것이 마치 탈성화에서 곧바로 재성화가 이루어지는 것처럼 일어난다. — *PSM*, p.101([英], p.117).
"탈성화란 재성화가 그것에 뒤이어 순간적으로 이루어지기 위한 조건이라는 것이 발견된다." — *PSM*, p.101([英], p.117).

는 이러한 사실은, 즉 탈성화가 성적 욕망의 궁극적인 목표인 성적 쾌락에 도달하기 위해 도중에 거쳐가야 할 한 과정이라는 이러한 사실은, 이 탈성화 역시 성이 자신의 욕망(성적 욕망)을 실행해 가는 한 과정이지, 결코 성(성적 욕망)이 아닌 다른 것이 되는 과정이 아니라는 것을 말해 준다.

그러므로 들뢰즈에 따르면, 마조히즘을 발생시키는 원인이 되는 것은 오이디푸스-콤플렉스의 삼각 구도 안에서 펼쳐지는 사디즘의 방향전환이 아니라 정신분석학의 이러한 구도로써 설명될 수 없는 **성의 자기변형 운동**, 즉 탈성화의 과정을 거치는 것을 통해, 상대방을 감각적으로 탐하는 자신의 본래적인 '감각적 육욕으로서의 모습'에서 벗어나 '초감각적인 모습'으로 자기 자신을 스스로 변형시키려 하는 **'성의 자기변형 운동'**이다. 또한 이러한 '성의 자기변형 운동'은, 성 자신의 일차적인 모습인 저 감각적 육욕으로서의 모습에 의해 깊이 은폐되어 있는 이 새로운 모습(초감각적인 것으로서의 모습)을 —그렇지만 이러한 은폐와 망각에도 불구하고 성 자신에게 본래부터 주어져 있는 '깊은 내재적인 가능성'으로 존재하고 있는 이 또 다른 모습을— 실현시켜 주는 재성화의 과정에 의해 완성되는 것이며, 그러므로 이러한 '성의 자기변형 운동'이란 자기 자신의 일차적인 모습에 의해 은폐되어 있던 자기 자신의 더 깊은 내재적인 모습을 새롭게 발견하고 실현해 나가는 '성의 자기회복 운동'이기도 한 것이다. 마조히즘은 성의 참모습이란 사람들이 일반적으로 생각하고 있는 것(감각적인 육욕과 완전히 일치되는 것)과는 크게 다른 것일 수 있음을 우리에게 가르쳐 주는 것이다.

그러므로 마조히즘에 대해 들뢰즈가 제시하는 발생원인론을 해명하는 것은 결국 두 가지의 문제를 다루어야 하는 것으로 귀결된다. 하나는 과연 성이라는 것이 정말로, 방금 말한 것처럼 단순히 감각적인 육욕의 모습으로 그치는 것이 아니라 자신의 이러한 일차적인 모습을 스스로 초월하려 하는 '근본적인 자기변형'을 지향하는 것이냐 하는 문제이며, 다른 하나는 마조히즘의 모든 것의 중심에 서 있는 저 '엄마와 관련된 환상'이란 그렇다면 결국 무엇이며, 성의 이러한 '자기변형' 운동과 이 환상은 서로 어떻게 관련되느냐 하는 문제이다. 여전히 수수께끼로 남아 있는 많은 문제들, 가령 엄마에만 의존하는 단성생식의 방법에 의해 새롭게 다시 태어난다는 것, 즉 이러한 방법에 의해 남자와 여자 사이의 자연적인 구분을 넘어선 새로운 제3의 인간으로 새롭게 다시 태어난다는 것, 이러한 것이 대체 무엇이며, 마조히스트는 왜 이러한 것을 추구하느냐 하는 문제도 결국 이 두 가지 문제와 관련지어 해명되어야 할 것이다.

III.

무의식에 대한 (탈프로이트적인) 새로운 이해

1. 초개인적인 환상?

그러므로 들뢰즈에 따르면, 마조히즘이란 어떤 임계치 이상을 넘어서게 된 고통은 곧 쾌락으로 느껴지게 된다는 '성감발생적 마조히즘'의 논리에 의해 설명될 수 있는 것이 아니며, 또한 아버지를 공격하려 한 데 대한 죄의식에서 그 원인을 찾으려 하는 오이디푸스-콤플렉스 모델에 의해서도 설명될 수 있는 것도 아니다. 물론 고통과 쾌락 사이의 긴밀한 연관이라든가 또는 고통을 통해 속죄를 열망하는 깊은 죄의식 같은 것이 마조히즘에서 발견된다는 것은 틀림없는 사실이다. 하지만 마조히즘을 성립하게 해 주는 것은 이러한 **감각적 차원**의 사실(고통-쾌락 연관)이나 이러한 **정서적 차원**의 사실(죄의식)이 아니라 마조히스트를 사로잡고 있는 환상적인 이야기, 즉 엄마로부터 가혹한 매질을 당하며, 이를 통해 오로지 엄마에만 의존하는 단성생식의 방법에 의해 '새로운 인간'으로 다시 태어날 수 있게 된다고 전하는 이야기이며, 저러한 감각적 차원의 사실이나 정서적 차원의 사실은 오로지 이와 같은 환상적인 이야기의 형식적인 구조 **속**에서만 마조히즘의 증상으로 자리잡을 수 있게 되는 것이다.

그런데 이와 같은 환상적인 이야기가 이들 감각적 차원이나 정서적 차원의 사실들보다 선행하며 이 이야기가 짜놓는 형식적인 구조 속에서만 이들 감각적·정서적 차원의 사실들이 성립할 수 있게 된다는 이 사실은 매우 중요한 의미를 갖는다. '고통-쾌락 연관'이라는 **감각적 차원**의 사실이나 죄의식 같은 **정서적 차원**의 사실은 마조히스트 **각 개인**이 저마다 **개인적으로**personally 체험하게 되는 것, 다시 말해 서로 다른 개별 마조히스트 각자가 저마다 각자의 몸과 마음을 통해 **각자 개별적으로** —즉 **각자 사적으로**personally— 체험하게 되는 것이다. 즉 이들 감각적 차원이나 정서적 차원의 사실들이란 서로 다른 개별 마조히스트 각자에게 고유한 '**사적私的 체험**'으로 존재하는 것이다. 하지만 서로 다른 개별 마조히스트 각자에게 이러한 각자의 사적 체험을 안겨 주고 있는 저 환상적인 이야기란 이들 개별 마조히스트들 모두에게 **공통적인 것**이다. 즉 서로 다른 개별 마조히스트 각자가 저마다 이러한 사적 체험을 겪게 되는 것은 그들 모두에게 이 환상적인 이야기가 **공통적인 것**으로 주어지기 때문인 것이다. 어느 한 때 동유럽(오스트리아-헝가리 이중 제국)에서 살았던 마조흐나 그와 다른 시기에 독일에서 살았던 바흐오펜이 거의 똑같이 이 환상적인 이야기를 늘어놓는 데서 알 수 있듯이, 이 환상적인 이야기는 서로 다른 때와 장소에서 살아가는 여러 개인들에게, 그들 사이에 여러 가지 우여곡절의 개인적인 차이가 있음에 불구하고, 이러한 개인적인 차이를 넘어 **공통적인 것**으로 주어지는 것이며, 그러므로 개별 마조히스트 각자에게 지금 문제가 되고 있는 것은 틀림없이 그의 개인적 주관 속에서 떠오르고 있는 어떤 환상인 것은 분명하지만, 그럼에도 불구하고 이 환상은 개인의 주관에 의해 자의적으로 꾸며내어지고 있는 것이 아니라 개인의 주관에 의해 좌우되는 것이 아닌 어떤 것, 즉 개인의 주관 **너머에** 있는 '**초超개인적인 어떤 것**superpersonal'인 것이다.[71] 마조히즘에서 우리는, 틀림없이 환상이기는 하지만 그럼에도 불구하고 결코 개인의 주관이 자의적으로 꾸며내는 것이 아닌 어떤 환상을, 즉 '**초개인적인 환상**'이라고 불러야 할 어떤 환상을 만나고 있는 것이다.

실로 서로 다른 개별 마조히스트 각자에게 그 내용이나 구조에 있어서 거의 똑같은 이야기를 들려주고 있는 저 환상은, 그러므로 서로 천차만별로 다를 수밖에 없는 것인 개인의 주관적 상상에 의해 만들어질 수 있는 것이 아니라 어떠한 개인보다도 **먼저 앞서서 존재하고** 있는 아주 오래된 이야기인 것처럼 보인다. 그것은 "아주 오랜 옛날에 늪지대나 스텝(초원)에서 살았던 마조히스트부터 지금 이 시각에 자신의 침실에서 연인과 뒹굴고 있는 현대의 마조히스트에 이르기까지"[72] 모든 마조히스트들에게 공통적으로 나타나는 **영원하고 원형原型적인 이야기**처

---

71 "마조히스트는 그가 사적(私的)으로 겪는 감각이나 정서를 넘어, 초개인적인 것으로서의 어떤 이야기를 들려주고 있으며, 이 초개인적인 이야기가 그에게 이러한 감각이나 정서를 (사적으로) 겪게 하는 것이다." — *PSM*, pp.88([英], p.101).

72 *PSM*, p.89([英], p.102).

럼 보이는 것이다. 실제로 마조히스트 자신들의 증언에 따르면, 개별 마조히스트 각자는 '고통-쾌락 연관'이나 깊은 죄의식을 체험하고 있는 그 자신을 마치 하나의 **연극**演劇 속에 들어와 있는 배우가 된 것처럼 느낀다고 한다. 즉 그는 이러한 체험을 단지 흉내 내고 있는 것이 아니라 틀림없이 '진짜 그 자신의 체험'으로 생생하게 겪고 있기는 하지만, 그럼에도 불구하고 이러한 체험을 마치 미리 씌어져 있는 어떤 각본에 따른 **연기**演技에 의한 것인 것처럼, 다시 말해 마치 그 자신보다 앞서 존재하고 있는 어떤 각본이 지시하는 역할을 그 자신이 연기하고 있는 것인 것처럼 느끼게 된다는 것이다.[73] 그가 그 자신이 겪는 이러한 체험을 마치 미리 쓰여진 어떤 각본을 그 자신의 존재를 통해 연극적으로 **재연**再演하고 있는 것처럼 느끼게 된다는 이러한 사실, 실로 이것은 이러한 체험을 그에게 안겨 주는 저 환상적인 이야기라는 것이 그의 개인적 주관을 넘어선 '초개인적인 것'이라는 것을 말해 주고 있는 것으로 보인다.

하지만 이러한 초개인적인 환상이라는 것이 대체 무엇일까?

---

[73] 이에 대해서는 *PSM*, p.88([英], p.101) 참조.

과연 그와 같은 것이 정말로 존재하는 것일까? 만약 그와 같은 것이 정말로 존재하는 것이라면, 그것은 과연 무엇을 말하는 것일까? 개인의 실존적 삶이 이와 같은 초개인적인 것에 의해 규정되고 있다는 것, 다시 말해 개인의 삶이라는 것이 그보다 앞서서 존재하고 있는 어떤 원형적인 이야기를 재연하고 있는 것이라는 것, 우리는 이 이상한 사실을 어떻게 이해해야 하는 것일까? 이 사실은 개인의 삶이라는 것이 그것을 넘어서는 어떤 초개인적인 운명에 의해 이끌리고 있다는 것을 말해 주는 것일까? 개인의 삶이란 그 개인의 삶이면서도 또한 그 개인을 넘어서는 어떤 초개인적인 운명이 전개되는 '이중의 이야기'인 것일까? 마조히즘은 도대체 어떤 수수께끼로 우리를 데려가는 것일까?

들뢰즈의 책 『마조히즘』은 이 모든 의문에 대해 단지 단 하나의 단서만을 남긴 채 ─정말이지 고작 이 단서 하나만을 남긴 채─ 끝나고 있다. 이 책은 단지 이 환상의 출처가 우리의 **무의식**이라는 것만을 말하는 것으로 그친 채, 정말이지 턱없이 부족한 이 단 한마디의 언급 이외에는 더 이상의 어떠한 설명도 하지 않고 있는 것이다. "이것들이 우리를 무의식의 지대로, 세 가지 엄마의 이미지가 기거하고 있는 무의식의 지대로 데려간 다."[74] 우리가 이 책에 머무는 한, 우리는 들뢰즈에게서 마조히 즘의 발생원인론과 관련하여 어떤 확실한 대답을 들을 수 있게 되기보다는 우리를 더 깊은 미궁 속에 빠져들게 만드는 미스테 리한 수수께끼만을 만나게 될 뿐이다.

그런데 이 책 『마조히즘』보다 약 7년여 앞서 발표된, 마조히 즘에 대한 그의 최초의 글에서 들뢰즈는 우리를 이 미궁 속으 로부터 헤쳐나올 수 있게 해 줄 실마리를 건네주고 있다.[75] 왜 들뢰즈는 우리가 제기할 수 있는 저 모든 물음들에 대해, 이 환 상의 출처가 '무의식'임을 말하는 것으로 그의 대답을 갈음할 수 있다고 생각한 것일까? 마조히즘에 대한 이 최초의 글에서 우리는 이 이유가 그가 무의식에 대해 프로이트와는 전혀 다른 놀라운 생각을 하고 있는 데 있다는 것을 발견하게 된다.

---

74 *PSM*, p.89([英], p.102).

75 이 최초의 글은 '자허-마조흐로부터 마조히즘으로(*De Sacher-Masoch au masochisme*)' 라는 제목을 가지고 있다. 이 글에 대한 우리말 번역은 아직 없다. 아래의 인터넷 주소에서 이 논문의 전문을 내려받을 수 있다.
https://www.cairn.info/article_p.php?ID_ARTICLE=MULT_025_0019.

2. 상징과 기호의 차이

어쩌면 마조히즘이란 프로이트에게 그 자신이 제창한 정신분석학의 정당성을 다른 어떤 심리적 성향들보다도 더 확실하게 입증해 줄 수 있는 가장 모범적인 사례가 될 수 있는 것으로 보였을지도 모른다. 마조히즘은 그것을 지배하는 숨은 동기가 엄마에 대한 근친상간적 욕망이라는 것을 그것의 증상이 너무나도 명백히 드러내 주는 듯하기에, 프로이트는 이러한 마조히즘을 자신의 오이디푸스-콤플렉스 모델의 정당성을 결정적으로 입증해 줄 수 있는 것으로, 즉 오이디푸스-콤플렉스란 모든 인간들의 심리적 성향들을 배태하는 근원적인 온상이 되는 것이라는 정신분석학의 주장을 가장 강력하게 뒷받침해 줄 수 있는 것으로 받아들일 수 있다고 생각했을지도 모른다. 오이디푸스-콤플렉스 모델의 정당성만 확립된다면, 이로부터 프로이트는 그가 원하는 모든 것을 순조롭게 이끌어 낼 수 있을 것이다. 무의식이란 엄마에 대한 이러한 근친상간적 욕망이 억압됨으로 인해 존재하게 된다는 것, 그러므로 무의식의 내용을 이루고 있는 것은, 한때 의식적 표상으로 존재하였으나 억압으로 인해 의식의 이면으로 숨어들게 된 이러한 성적 욕망이며, 또한 이러한 성적 욕망이 의식에 의해 거부당한 자신의 금지된 충동을 (대리)만족시키기 위해 의식의 감시를 피해가며 은밀하게 펼쳐가는 복잡한 활동들 —전위傳位와 압축— 이라는 것 등등 … 무의식과 관련된 프로이트의 이와 같은 핵심 주장들이 오이디푸스-콤플렉스의 확립으로부터 모두 자동적으로 따라 나올 수 있게 되는 것이다.

그러므로 프로이트가 그의 오이디푸스-콤플렉스 모델에 따라 무의식을 이해할 때, 그는 무의식(의 내용을 이루고 있는 것들)의 존재이유나 발생원인을 '개인이 실제로 겪었던 어떤 체험에 대한 억압'에서 찾고 있는 것이다. 억압당해야 하는 체험은 그것이 의식의 기준으로서는 도저히 용납될 수 없을 만큼 너무나 불미스러운 것(엄마와의 근친상간에 대한 욕망)이기 때문에 그렇게 억압당하게 되는 것이며, 그렇지만 이렇게 억압당하게 되는 것은 그로 인해 그냥 포기되는 것이 아니라, 자신의 해소되지 못한 욕망을 충족시키기 위해 은밀하게 활동하는 무의식적 성향으로 남게 되며, 이러한 무의식적 성향이 의식의 검열과 감시를 피할 수 있는 방식으로 자신을 **위장**하여 드러내는 것이 바로 **환상**

이다. 즉 프로이트에 따르면, 무의식적 환상이란, 이처럼 무의식적 성향으로 자신을 연명延命하게 된 억압된 성적 욕망이 의식의 검열을 피하기 위한 복잡하고 은밀한 변형의 방식(전위와 압축 등)으로 자신을 위장하여 드러내는 방식이다. 그러므로 이러한 무의식적 환상을 이해한다는 것은, 그와 같은 위장된 겉모습으로 드러나기까지의 변형의 과정을 되짚어, 억압당한 본래의 성적 욕망의 사건으로 그 환상을 되돌려 놓는다는 것을 의미한다. 다시 말해, 프로이트에게 무의식적 환상이란, 그러한 환상을 가지게 된 개인이 언젠가 그의 개인적인 삶 속에서 실제로 겪었던 어떤 체험(근친상간적 욕망을 가졌던 체험)을 가리키고 있는 것으로 이해되는 것이다. 개인에게 떠오르는 무의식적 환상을, 그 개인이 과거에 실제로 겪었던 어떤 '**사적私的 체험**'과 관련지어 이해하는 것, 이 무의식적 환상의 발생원인을 개인이 **사적**으로 겪은 그의 개인사個人史적 사건 ─즉 개인의 **역사적** 사건─ 에서 찾는 것, 이것이 프로이트의 정신분석학이 무의식적 환상을 이해하는 방식이며, 엄마와 관련된 마조히스트의 환상 역시 정신분석학은 마찬가지의 방식으로 이해하는 것이다.

이미지image들 중에는 자신이 가리키고 있는 것과 모종의 인과관계를 통해 연결될 수 있는 것들이 있다. 우리가 흔히 알고 있는 이미지들은 대개 이러한 것들로서, 이들은 자신들이 가리키고 있는 것과 이처럼 모종의 인과관계를 통해 연결될 수 있기 때문에, 그들이 가리키고 있는 것을 가리킬 수 있게 되는 것이다. 이와 같이, 자신이 가리키고 있는 것과 모종의 인과관계를 통해 연결될 수 있는 것을 우리는 흔히 '기호sign'라고 부른다. 프로이트에게 무의식적 환상이란, 그것이 가리키고 있는 것인 개인의 사적 체험과 모종의 인과관계를 통해 연결되고 있는 것이다. 무의식적 환상은, 이 사적 체험이 자신을 복잡하고 은밀한 방식으로 변형시킴으로써 나타나는 결과이며, 이 결과는 자신을 낳는 이 원인을 자신의 배후로 은폐하며 그것을 대체하고 있는 것이다. 그러므로 무의식적 환상을 개인의 사적 체험을 가리키고 있는 것으로 이해하는 프로이트는, 무의식적 환상을 일종의 **기호**로서 이해하고 있는 것이다.

하지만 이미지들 중에는 이와 같은 기호와는 달리, 자신이 가리키고 있는 것과 어떤 인과관계에 의해 연결되는 것이 **아닌 것**이 있다. 자신이 가리키고 있는 것과 어떤 인과관계에 의해 연결되는 것이 아니면서도, 그것은 자신이 가리키고 있는 것을 가리킬 수 있는 것이다. 우리가 흔히 '상징symbol'이라고 부르는 이미지가 바로 이러한 경우에 해당하는 것으로서, 예컨대 '하얀색'은 '(정신적) 순결함'을 가리키는 **상징**으로 흔히 사용된다. 하얀색(상징)과 그것이 가리키고 있는 것(상징되는 것)인 이 (정신적) 순결함 사이에는 어떠한 인과관계도 성립하지 않는다. '순결함'이라는 정신적 특성이 '하얀색'이라는 물질적 현상을 낳는 원인이 되는 것도 아니며, 거꾸로 이 물질적 현상이 저 정신적 특성을 낳는 원인이 되는 것도 아니다. 하얀색은 이처럼, 그와 반대되는 색인 검은색이나 그 밖의 다른 많은 색들과 마찬가지로, 순결함이라는 정신적 특성과 어떤 인과관계에 의해 연결되는 것이 아니지만, 그럼에도 불구하고 그것은, 검은색이나 다른 색들과는 달리, 순결함을 가리키는 상징으로 기능할 수 있는 것이다.

마조히즘에 대한 그의 최초의 글에서 들뢰즈는 마조히스트의 환상 속에 나타나는 엄마의 이미지는 기호가 아니라 상징으로 이해되어야 한다고 주장한다. 마조히스트의 환상 속에서 나타나는 엄마의 이미지가 기호가 아닌 상징이라면, 그것은 그것이 가리키고 있는 어떤 것과 인과관계에 의해서 연결되는 것이 아니다. 그러므로 이 엄마의 이미지는 마조히스트가 언젠가 실제로 겪었던 과거의 어떤 사적 체험을 원인으로 해서 생겨나는 것이 아니게 되며, 따라서 실제로 일어났던 이러한 사적 체험(역사적·경험적 사건)을 가리키고 있는 것이 아니게 된다. 그러므로 들뢰즈는 "이러한 상징을 이해하는 데에는 프로이트의 분석적 방법이란 부적합하다"[76]고 주장한다. 왜냐하면 방금 살펴보았듯이, 프로이트의 분석적 방법이란 무의식적 환상을 언제나, 개인이 언젠가 겪은 사적 체험을 가리키는 것으로 이해하는 것, 즉 이러한 사적 체험(역사적·경험적 사건)이 원인이 되어 발생하는 기호로 이해하는 것이기 때문이다.

기호란 그것이 가리키는 어떤 것이 원인이 되어 발생하는 것이므로, 이런 의미에서 그것은 자기 자신(기호 자신)과는 **다른** 어떤 것(즉 그것의 발생원인이 되는 어떤 것)에 의해서 설명될 수 있는 것이다. 즉 기호란 그것의 발생원인이 되는 이 다른 어떤 것이 그것(기호)을 설명해 주는 원리가 되는 어떤 것이다. 하지만 들

---

[76] *De Sacher-Masoch au masochisme*, p.12.

뢰즈는 마조히즘의 엄마의 환상이란 "자기 자신(환상 자신)과 다른 어떤 것에 의해서 설명될 수 있는 것이 아니라, 오히려 이 환상이 그것 자신과 다른 어떤 것인 개인의 사적 체험(개인이 겪는 역사적·경험적 사건)을 설명해 주는 원리가 되는 것"[77]이라고 주장한다. 즉 그는 마조히즘의 이 환상이란 "무의식 속에 있는 **궁극적인 소여**所與: data"[78]라고, 즉 "그것 자신보다 더 궁극적인 것인 다른 어떤 것으로 환원될 수 있는 것이 아니라, 그것 자체가 더 이상 다른 것으로 환원불가능한 가장 궁극적인 것"[79]이라고 주장하며, 이 궁극적인 것이 "(성적 욕망 같은) 욕망이 어떻게 구성되며 욕망이 향하게 되는 대상 또한 어떻게 구성되는지를 설명해 주는 궁극적인 원리가 되는 것"[80]이라고 주장한다. 도대체 이러한 전환이 어떻게 가능한 것일까? 즉 욕망과 이 욕망으로 인해 벌어지는 사건(개인의 사적 체험: 개인이 겪는 역사적·경험적 사건)이 환상을 설명해 주는 원리가 되는 것이 아니라, 오히려 무의

---

77 위와 같은 곳.
78 위와 같은 곳.
79 위와 같은 곳.
80 위와 같은 곳.

식 속에 들어있는 이 환상이 더 이상 다른 것으로 환원되지 않는 가장 궁극적인 것으로 존재하면서 이러한 욕망과 사건을 설명해 주는 원리가 된다는 것은 어떻게 가능하며 무엇을 의미하는 것일까? 들뢰즈가 우리에게 넘겨주는 실마리는 이 환상이 (기호가 아닌) 상징으로서, 즉 "융Jung이 말하는 **원형**原型: archetype으로서"[81] 이해되어야 한다는 것이다. 무의식의 정체가 무엇인지를 두고 프로이트와 맞섰던 융, 그리하여 프로이트의 추종자들에 의해 정신분석학의 배반자로 낙인찍혀 점점 더 무대 밖으로 밀려난 잊혀진 인물로 전락해 가고 있던 융, 마조히즘의 이 환상의 정체를 규명하기 위해 들뢰즈는 이 이단적 인물을 다시 소환하고 있는 것이다.

3. 융의 〈원형〉과 〈집단 무의식〉

융이 말하는 원형이란 대체 무엇인가? 융은 그의 '원형' 개념을 처음으로 소개하고 있는 「본능과 무의식」이라는 글에서 이

---

81 위와 같은 곳.

개념이 무엇을 말하려 하는 것인지를 설명하기 위해 하나의 사례를 들고 있다. 그것은 Pronuba yuccasella라는 학명을 가진 유카 나방이 보여 주는 번식 행위의 사례이다.

"유카 나방이 자신의 알을 낳는 유카 꽃은 1년 중 단 하룻밤 동안만 피어 있다. 유카 나방은 어느 한 유카 꽃에서 꽃가루를 떼어 낸 다음, 그것을 작은 덩어리 모양이 되도록 반죽한다. 그런 다음, 유카 나방은 이 덩어리를 다른 유카 꽃으로 가져가, 이 두 번째 꽃의 암술을 절개하여 개방한 다음, 이 꽃의 꽃나무의 밑씨에다 자신의 알을 낳는다. 그리고는 작은 덩어리로 반죽한 꽃가루를 이 암술의 깔때기 모양의 입구에 쑤셔 넣는다. 유카 나방은 그것의 전 생애에서 오직 단 한 번 이 복잡한 작업을 수행한다."[82]

유카 나방이 이 대단히 복잡하고 정교한 작업을 요구하는 그

---

82 *CW 8*, p.175. — CW 8은 영문판 융 저작모음집의 제8권(The collected works of C. G. Jung, volume 8, *Structure & Dynamics of the Psyshce*, edited and translated by Gerhard Adler & R. F. C. Hull, Bolligen Series XX)을 약칭한 것이다. 앞으로 융의 이 저작모음집을 가리키는 경우, 이 약칭기호를 사용한다.

의 번식 행위를 그의 일생에서 **단 한 번만** 수행한다는 사실이 중요하다. 이 사실은 유카 나방이 자신의 이러한 번식 행위를 어떻게 수행해야 하는지를 아는 것이, 여러 번 되풀이 되는 '경험적 학습과 반복 실습'에 의한 것이 아니라는 것을 말해 준다. 또한 융은 계속되는 설명에서, 유카 나방의 이와 같은 앎은 '선대로부터의 유전'이라는 논리에 의해서도 설명될 수 있는 것이 아니라는 것을 보여 주려 한다. '선대로부터의 유전'과 '경험적 학습과 반복 실습', 사람들은 흔히 모든 앎은 이 두 가지 중의 어느 한 가지 논리에 의해 설명될 수 있어야 한다고 생각한다. 하지만 이 두 가지 중 그 어느 것으로도 설명될 수 없는 유카 나방의 이와 같은 앎은, 그럼에도 불구하고 그것의 일생에서 단 한 번 수행되는 저 복잡하고 까다로운 행위를, 그것을 해야 하는 첫 순간에서부터 한 치의 실수도 없이 정확하고 능숙하게 수행해 낼 줄 아는 것이다.[83]

그러므로 융은 이 독특하고 기이한 앎이 어떻게 가능한지

---

83 융은 유카 나방이라는 단 하나의 사례만을 대표적으로 들고 있지만, 파브르의 유명한 『곤충기』를 읽어 보면, 곤충들의 세계는 실로 이와 같은 놀라운 일들로 가득 차 있다.

를 설명하기 위해, 남들은 잘 생각하지도 않고 인정하지도 않을 제3의 방식을 끌어들인다. 유카 나방의 이와 같은 번식 행위란 그것의 본능에 따라 이루어지는 행위, 즉 본능적 행위일 것이며, 그러므로 지금 문제가 되고 있는 유카 나방의 앎이란 어떤 **본능적 앎**이 틀림없을 것이다. 그런데 융은 지금 문제가 되고 있는 것인 번식 행위와 같이, 생명의 자기전개와 관련하여 본질적으로 중요한 것이 문제가 되는 경우, 이러한 문제를 해결하기 위해 행해지는 본능적 행위란 "어떤 무의식적인 이미지가 돌연히 의식 속으로 솟아오르게 됨으로써"[84] 이루어지는 것이라고 주장한다. 즉 융은 본능적 행위란 무의식으로부터 솟아오르는 어떤 이미지에 대한 지각(인식)으로 인해 촉발되는 것이라고 주장하는 것인데, 본능적 행위를 촉발시키는 이러한 이미지를 그는 '원형'이라 부른다.

"나는 이러한 요인을 '원형', 혹은 '원초적 이미지primordial image'라 부른다. 이 원초적 이미지란 '본능의 자기 자신에 대한 지각instinct's

---

[84] *CW 8*, p.179.

perception of itself(즉, 본능이 자기 자신에 대해서 갖는 지각)'으로, 혹은 '본능의 자기 초상self-portrait of the instinct'으로 이해되어도 좋을 것이다."[85]

원형을 이처럼 '본능의 자기 자신에 대한 지각'이라거나 '본능의 자기 초상'이라고 말하는 데서도 알 수 있듯이, 원형이란 그것에 대한 인식에 의해 본능이 자기 자신(본능 자신)을 인식하게 되는 것, 즉 그것에 대한 인식에 의해 본능적 행위가 발동하게 되는 것이다. 융은 원형에 대한 이러한 인식이 유카 나방의 번식 행위와 같은 본능적 행위를 가능하게 해 주는 것이라고 주장하고 있다. 즉 융은 원형에 대한 이러한 인식이 유카 나방의 번식 행위와 같은 복잡하고 까다로운 작업을 성공적으로 수행할 수 있게 하는 **본능적 앎**을 가능하게 해 주는 것이라고 주장하고 있는 것이다.

그런데 무의식으로부터 솟아오르는 이와 같은 원형이란 경

---

[85] *CW 8*, p. 183.
CW 8의 편집자의 말에 따르면, 융이 '원형'이라는 용어를 처음으로 사용하는 것이 바로 이 논문 「본능과 무의식」에서이다.

험으로부터 ─즉 경험의 반복으로부터─ 형성되는 것이 아니라 오히려 바로 그것에 대한 인식에 의해 번식 행위라는 **경험**이 이루어질 수 있게 하는 것이며, 그러므로 그것은 '경험보다 앞서 존재하면서 경험을 가능하게 하는 것', 즉 **초경험적인 것**이며 **선험적先驗的인 것**이다.[86] 즉, 융에 따르면, 모든 생명체에게는 이와 같은 원형이 초경험적이고 선험적인 것으로서 처음부터 주어지고 있으며, 생명의 자기 전개와 관련하여 중요한 것이 문제가 될 때 출현하는 이와 같은 원형에 대한 인식에 의해 생명체의 본능적 행위가 이루어질 수 있는 것이다.

이것이 융이 유카 나방의 본능적 앎을 설명하는 방식, 즉 '경험적 학습과 반복 실습'의 논리에 의해서도 또한 '선대로부터의 유전'이라는 논리에 의해서도 설명될 수 없는 이 본능적 앎이, 그럼에도 불구하고 어떻게 그토록 복잡하고 까다로운 작업을 정확하고 능숙하게 수행해 낼 수 있는지를 설명하는 방식이다. 즉 융에 따르면, 무의식 속에 잠재되어 있는, 초경험적이고 선험적인 것인 원형, 이러한 원형의 출현이 서로 다른 유카 나방

---

86 "선험적이고 타고난 형식, 즉 원형 …" ─ *CW 8*, p.179.

들 각 개체에게 번식 활동을 향한 그들의 욕망을 일깨우며, 또한 그들이 이 번식 활동이라는 그들 각자의 **경험적** 활동을 펼쳐나가기 위해 무엇을 어떻게 해야 할지를 가르쳐 주는 것이다. 서로 다른 각 개체들에게 공통적으로 주어질 수 있는 것인 이 초개체적인 것(원형)이, 이들 서로 다른 개체들이 각자 사적으로 경험하게 될 욕망과 사건을 설명해 주는 원리가 되는 것이다. 융의 '원형' 이론에서, 우리는 개체 각자의 개체적·경험적·역사적 삶의 과정 속에 개입할 수 있는 초개체적·초경험적·초역사적인 것의 존재를 만나고 있는 것이다.

그러므로 이러한 원형은, 들뢰즈가 마조히즘의 환상과 관련하여 그렇게 주장하였듯이, 그것 자신이 아닌 다른 것에 의해 설명될 수 있는 것이 아니라, 오히려 그것 자신이 다른 것 ―개체가 겪는 사적 체험(즉, 개체가 겪는 경험적 사건들)― 을 설명해 줄 수 있는 가장 궁극적인 것이 된다. 무의식 속에 들어 있는 이 원형은 그것 자신이 개체의 욕망과 이 욕망이 겪는 경험적 사건에 의해 발생하는 것이 아니라, 오히려 그것 자신이 이 욕망과 이 경험적 사건의 발생을 설명해 주는 원리가 되는 것이다. 무의식 속에 들어 있는 이 이미지의 배후에 욕망이 ―이 이미지를 낳는 원인으로서― 숨어 있는 것이 아니라, 오히려 이 이미지가 욕망에 앞서는 궁극적인 것으로 존재하며, 이 이미지 자신에 대한 인식에 의해 욕망(본능의 욕망)이 발생하도록 일깨우는 것이다.

융에 따르면, 이와 같은 원형이 우리의 무의식의 가장 깊은 심층에 자리잡고 있다. 그러므로 이러한 원형을 자신 속에 품고 있는 우리의 무의식이란, 무의식의 존재이유나 발생원인을 개인의 사적 체험(경험적 사건)에 대한 억압에서 찾는 프로이트의 논리에 의해 설명될 수 있는 것이 아니다. 물론 무의식의 내용 중에는 개인의 사적 체험으로부터 연원하는 것으로 설명될 수 있는 것이 있음을 융은 부인하지 않는다. 하지만 개인의 사적 기억을 담고 있는 이와 같은 무의식(개인적 무의식) 이외에, 결코 개인의 사적 기억으로 환원될 수 없는 원형을 담고 있는 또 다른 무의식이, 이러한 개인적 무의식보다 더 심층적인 무의식으로 자리 잡고 있는 것이다. 융은 원형을 담고 있는 이 심층적 무의식을 '집단 무의식'이라 부른다. 왜냐하면 이 심층적 무의식은 개체들 사이의 차이에 의해 서로 달라지는 것이 아니라, 같은 종種에 속하는 모든 개체들이, 즉 같은 본능적 앎을 가질 수 있는 것에 의해 같은 본능적 행위를 할 수 있는 모든 개체들이, 그들 각자의 개체적 차이를 넘어 언제나 함께 공유하고 있는 것이기 때문이다. "보다 깊은 이 심층 속에서 우리는 선험적이고 타고난 것을, 즉 원형을 발견한다. 이 원형은 모든 심리적 과정을 결정짓는 필수적인 선험적 조건이다. [⋯] 본능과 원형은 '집단 무의식'이라고 부를 수 있는 것을 형성한다. 내가 이것을 '집단 무의식'이라고 부르는 것은, 그것이 개인적 무의식과는 달리, 결코 개인적인 것으로부터 형성되는 것이 아니기 때문이다."[87]

융이 말하는 이 집단 무의식은 프로이트가 말하는 무의식을 배제하는 것이 아니다. 그것은 심층적 무의식인 자기 자신보다 의식에 더 가까이 있는 표층적 무의식으로 프로이트의 무의식을 포용할 수 있다. 융에게 무의식이란, 프로이트와는 달리 깊이를 달리하는 이질적인 층위로 분화되어 있으며, 따라서 무의식에 대한 우리의 만남 역시, 이 만남이 도달하게 되는 깊이가 어디냐에 따라 그 의미가 달라질 수 있는 것이다. 반면, 무의식

---

[87] *CW 8*, p.179.

의 존재이유를 오직 개인의 사적 체험에 대한 억압에서 찾으려 하는 프로이트는, 다시 말해 모든 무의식적 환상을 오로지 기호로 취급하려 하는 프로이트는 융이 말하는 이러한 집단 무의식의 존재를 인정하지 못한다. 프로이트에게 무의식은 이질적인 층위들로 분화되어 있는 것이 아니라 자신의 논리로 그 존재이유를 설명할 수 있는 오직 단 하나의 층위로 단일화되어 있는 것이다.

4. 무의식의 자율성과 창조성: 과거에 대해서가 아니라 현재에 대해서 말해 주는 무의식

그런데 무의식 속의 원형이라는 것이 이처럼 그것의 출현에 의해 개체에게 그의 본능의 욕망을 일깨우는 것이며, 또한 이 본능으로 하여금 매우 복잡하고 까다로운 행위를 완벽하게 수행할 줄 알게 하는 것이라면, 이 원형은 개체에게 개체 자신이 지금 처해 있는 **현재의 상황과 관련해** 무엇을 어떻게 해야 하는지를 말해 주고 있는 것이지, 결코 개체가 **과거에** 겪은 어떤 체험을 상기시켜 주고 있는 것이 아니다. 무의식의 내용인 원형은 개체가 예전에 겪은 어떤 과거의 체험을 가리키고 있는 것이 아니라 개체가 **지금 현재의 순간에** 당면하고 있는 과제가 무엇이며 그 과제를 어떻게 해결할 것인지에 대해 말해 주고 있는 것이며, 지나온 어떤 체험이 벌어졌던 과거의 시간으로 그를 데려가고 있는 것이 아니라 현재 진행 중인 지금 이 시간에서 그에게 문제가 되고 있는 것과 부딪쳐 앞으로의 미래를 열어나가도록 초대하고 있는 것이다. 그러므로 원형은 분명히 경험적인 것에 앞서 존재하는 선험적인 것이며, 그리하여 개체의 경험이 펼쳐져 가는 시간과 역사의 지평을 넘어선 영원의 차원에 존재하는 것이지만, 그것은 개체를 오래된 과거(혹은 영원한 과거) 속에 가둬놓고 있는 것이 아니라 생명의 리듬이 펼쳐지는 살아 있는 현재를 개척하여 앞으로 나아가도록 하는 것이다.

그러므로 무의식은 과거로부터 이미 주어져 있는 것을 단지 수동적으로 저장하고만 있는 것이 아니다. 무의식은 과거에 이미 벌어진 어떤 경험(의 기억)을 저장하고 있다가, 위장작업과 같은 변형의 과정을 통해 그것의 형태를 바꿔 다시 현재에 재생해 내는 것으로만 존재하는 것이 아니라, '지금 현재'라는 독특하고 새로운 상황에서 개체에게 문제가 되는 것이 무엇인지를 미묘하게 감지해 낼 수 있으며, 어떻게 하면 이러한 문제를 해결해 나갈 수 있는지를 개체에게 알려 줄 수 있는 놀라운 지혜의 능력을 소유하고 있는 것이다. 무의식은 과거의 경험을 수동적으로 반복하고 있는 것이 아니라 '지금 현재'의 문제를 이해하고 그것을 헤쳐나가려 하는 능동성과 자율성을 가지고 있는 것이다.

5. 무의식의 초합리주의적 지혜

그러므로 무의식에 대한 융의 이해는 단지 무의식에 포함되는 것의 범위를 프로이트의 '개인적 무의식'이 이해하는 것보다 훨씬 더 크게 넓혀 놓는 것으로 그치는 것이 아니다. 즉 원형이나 집단 무의식 같은 융의 개념은 단순히, 무의식 속에는 프로이트의 '개인적 무의식'이 이해하는 것보다 훨씬 더 많은 것들이 —즉 개인의 사적 체험으로부터 연원하는 것뿐만 아니라 개인의 경험에 앞서서 존재하고 있는 초개인적이고 선험적인 것들이— 들어 있다는 것을 말하는 것으로 그치는 것이 아니다.

이와 같은 범위의 확장보다 더 중요한 것은, 융의 이와 같은 개념으로 인해 무의식의 성격이 프로이트로서는 인정할 수 없는 방식으로 근본적으로 바뀌게 된다는 것이다. 프로이트에게 무의식이란 단지 과거에 좌절된 자신의 욕구를 다시 충족시키려 하는 맹목적인 충동으로 들끓고 있는 것이며, 그러므로 현실의 제약조건을 고려할 것(현실원칙)을 요구하는 **자아Ego**에 맞서 자신의 쾌락추구(쾌락원칙)에만 맹목적으로 매달리는 **이드Id(거시기)**의 은폐된 존재방식인 것으로 규정된다. 하지만 프로이트가 이처럼 의식보다 열등한 것이기에 의식에 의해 억압되어야 하는 것이 은거하고 있는 것을 보는 곳에서, 융은 오히려 의식보다 더 깊은 지혜의 능력이 감춰져 있음을 본다. 융은 무의식에게서, 자신의 동물적인 욕구의 쾌락을 억압하는 의식에 대한 원한과 불만으로 가득 차 있는 사나운 야수의 모습이 아니라, 개체의 삶의 문제와 관련하여 의식은 알지 못하는 중요한 것을 의식에게 가르쳐 줄 수 있는 지혜로운 현자의 모습을 보는 것이다.

　융은 유카 나방의 사례에서 볼 수 있는 것과 같이, 결코 '의식적 학습'에 의해 얻어질 수 있는 것으로 설명될 수 없는 본능적

앎이 그럼에도 불구하고 그토록 복잡하고 까다로운 작업을 그
토록 정확하고 능숙하게 수행해 낸다는 사실을, 무의식의 신비
스런 지혜에 대한 자신의 이러한 이해를 정당화해 주는 것으로
받아들인다. 무의식이 자신의 숨겨진 이러한 지혜의 능력을 드
러내는 방식, 다시 말해 무의식이 의식의 합리적인 능력은 알
지 못하는 중요한 것을 의식에게 알려 주기 위해 자신의 능동
성과 자율성을 발휘하는 방식, 융에 따르면 바로 그것이 원형
의 출현인 것이다.

6. 상징: 해답을 주는 것이 아니라 문제를 제기하는 것

그런데 우리 인간들에게 있어서는, 여느 다른 생명체들과는
달리, 본능의 능력이 매우 약화되어 있다. 융은 앞에서 보았듯
이, 유카 나방 같은 생명체의 번식 행위를 설명하기 위해 '무의
식'이라는 용어를 사용한다. 그에 따르면, 유카 나방의 이와 같
은 본능적 행위는 **무의식**으로부터 돌연히 솟아오르는 어떤 이
미지(원형)'에 대한 인식으로 인해 발동되는 것이다. 하지만 융
이 여기에서 '무의식'을 말하는 것은, 유카 나방의 이와 같은 본

능적 행위에는 우리 인간의 의식적 행위에서 발견되는 것과 같은 '자기의식성'이라는 속성이 **결여되어 있음**을 말하기 위해서 그렇게 하는 것일 게다. 즉 유카 나방이 그의 대단히 복잡하고 까다로운 번식 행위를 놀라울 정도로 정확하게 수행할 때, 그는 자신이 무엇을 하고 있는지, 왜 그렇게 하고 있는지 등에 대해 **스스로 의식하고 있지 않은 가운데** 그렇게 한다는 것을 말하기 위해, 융은 '무의식'이라는 용어를 사용하고 있는 것일 게다. 하지만 실은 우리 인간 이외의 다른 생명체들에게서는 무의식이란 존재하지 않거나, 우리 인간들에게서처럼 그렇게 깊게 은폐되어 있는 것이 아닐 것이다. 다시 말해, 이들 다른 생명체들에게서는 그들의 의식이란 곧 본능과 일치하는 것이거나, 설령 이 둘 사이에 어떤 괴리가 있다 하더라도 그러한 분리의 틈은 매우 미미한 것일 테다. 하지만 우리 인간에게 있어서는 의식과 본능 사이에 매우 깊은 괴리가 존재한다. 왜냐하면 우리 인간의 의식을 특징짓는 것은 본능으로부터 분화分化: differentiation 되어 나온 지성의 발달이기 때문이며, 이 지성의 발달이란 인간의 의식을 탈脫본능화되도록 만드는 것이기 때문이다. 즉 인간의 의식이란 지성의 발달로 인한 점진적인 탈본능화의 길을 걸어 온 것이기 때문이다.

그러므로 인간의 의식은 그것의 원초적인 모태인 본능에 대한 결별과 대립에 의해 특징지어지며, 그렇기 때문에 이와 같이 지성화된 의식이 우리 인간 자신의 주된 정체성으로 자리 잡아 가게 됨에 따라 본능의 능력은 돌이킬 수 없이 퇴화되어 의식의 빛이 미치지 못하는 무의식의 깊은 어둠 속으로 숨어들게 된다. 진정한 의미의 무의식이란 다른 생명체들의 **본능적 의식**과 대비되는 우리 인간의 **지성적 의식**에게만 존재하는 것이다.

본능의 능력이 이처럼 깊이 무의식화되어 있다는 것, 이것이 본능의 자기 인식인 원형이 왜 우리 인간에게 있어서는 '상징'이라는 이상한 모습으로, 이해하기 어려운 수수께끼와 같은 모습으로 나타나게 되는지의 이유를 설명해 주는 것이다. 다른 생명체들과는 달리, 우리 인간에게 있어서는 원형에 대한 인식이 곧바로 주저 없이 실행되는 본능적 행동의 확신으로 연결되지 않는다. 탈본능화된 지성적 의식이 발달한 우리 인간에게 있어서는 원형이 우리에게 말해 오는 것의 의미가 여타의 동물들에게서처럼 곧바로 무엇을 어떻게 해야 할지를 분명하고 확실하게 가르쳐 주는 '선명한 **해답**'의 모습으로서가 아니라, 우리가 아무리 우리의 지성적 인식의 노력을 다한다 하더라도 도저히 그 의미를 선명하게 이해할 수 없는 '불가해한 **문제**'의 모습으로 다가오게 되는 것이다.

우리 인간의 의식은 그의 지성에 의해 인식할 수 있는 것만을 투명하게 인식할 수 있도록 특화되어 있으며, 자신이 투명하게 인식할 수 있는 이것만을 믿고 따를 수 있는 '참된 인식'으로 받아들이도록 습성화되어 있다. 그렇기 때문에, 이러한 우리 인간의 의식에게 본능의 자기 인식인 원형과의 조우는 그가 투명하게 인식할 수 있는 것의 범위를 넘어서는 '불가해한 수수께끼'의 체험으로 다가오게 되는 것이다. 그러므로 설령 우리의 무의식(혹은 본능) 속에 우리의 의식은 알지 못하는 중요한 것을 우리에게 일깨워 줄 수 있는 능력이 숨어 있다 하더라도, 우리에게 익숙한 방식으로 이해될 수 없는 그것의 불확실한 언어를 우리는 알아듣지 못하거나 믿지 못한다. 우리의 지성적 의식에 의해 이해될 수 없는 그것의 언어를 우리는 무의미하거나 무가치한 것으로 묵살해 버리거나 쉽게 외면해 버리며, 아니면 우리를 어떠한 확신으로도 이끌지 못하는 그것의 불가해한 의문에 부딪쳐 방황하게 되는 것이다.

7. 무의식의 지혜와 생명의 비밀

그럼에도 불구하고 이러한 본능의 능력이 완전히 퇴화되어 버린 것이 아니라 우리 인간의 마음속 깊은 곳에 여전히 내재하고 있으며, 생의 중요한 순간에 의식의 표면 위로 솟아올라 우리를 이끌어 줄 수 있음을 보여 주는 극적인 사례가 있다. 지성의 합리성이 고도로 발달한 우리 인간에게서도 여전히 무의식의 지혜가 의식의 지배를 뚫고 자신의 초합리적인 신비로운 예지를 우리에게 생생히 선사해 줄 수 있음을 예증해 줄 수 있는 놀라운 사례가 바로 우리 눈앞에 있는 것이다. 프랑스의 철학자 뤼이에르Ruyer는 어린 청춘 남녀가 우연히 맞게 되는 '첫날밤의 경험'에 숨겨져 있는 놀라운 의미에 대해 말하고 있다. 아직 어린 이들은 남녀의 성적 관계맺음이 어떤 것인지에 대해서 잘 모르고 있을 만큼 너무 어리다. 그들은 남녀 성기의 해부학적 구조나 성적 관계맺음에서의 그것들의 역할이 어떤 것인지에 대해, 그리고 그들이 곧 하게 될 일을 왜 하는 것이며, 그런

일을 하는 것이 대체 무슨 의미가 있는지에 대해 아무것도 모르고 있으며 아무것도 배우지 못했을 만큼 너무 어린 것이다. 하지만 이처럼 그들의 의식에 의해서는 아무것도 아는 것이 없는 이들은, 그렇지만 상대방을 처음으로 맞을 수 있게 되는 바로 그 순간, 상대방의 어디를 어떻게 해서 무엇을 해야 하는지를 바로 **알게** 된다.[88]

누구나 알고 있듯이, 우리가 생생한 성적 관계맺음의 상태에 빠지게 되면 우리의 지성적 의식은 그때 마비된다. 그때 우리는 지성적 의식의 지배로부터 벗어난 탈아脫我와 망아忘我의 상태에 빠져드는 것이다. 이들 어린 청춘 남녀는 그들의 지성적 의식이 완전히 마비될 이 첫날밤의 경험에서, 다시 말해 그들의 지성적 의식은 그들에게 아무것도 가르쳐 주지 못하는 상태가 되어 버리는 이 숨막히는 순간의 경험에서, 마치 번식기에 접어든 유카 나방이 유카 꽃을 보자마자 그렇게 할 수 있듯이, 무엇을 어떻게 해야 하는지를 단박에 완벽하게 **알 수 있게** 되는

---

88 Ruyer(Raymond), 'Bergson et le Sphex ammophile(베르그송과 조롱박벌)' in *Revue de Métaphysique et de Morale*, 64; 2, 1959, p.166 참조.

것이다. 바로 의식의 지배력이 이완될 때 깨어날 수 있게 되는 무의식의 지혜가, 생명의 자기 전개와 관련하여 중요한 순간과 마주친 이들 어린 청춘 남녀에게 그들이 지금 무엇을 어떻게 해야 하는지를 정확하게 알려 주고 있는 것이다.

어찌 이 단 하나의 사례뿐이랴. 융이 주장하듯이, 누군가와 진정한 사랑에 빠진 사람은 실은 어느 누구도 자신이 왜 (다른 사람이 아닌) 이 누군가를 사랑하게 되는지를 (그의 지성에 의해서는) 알지 못한다. 그럼에도 불구하고 그는 '무의식적인 것'이라고 말할 수밖에 없는 그의 직감에 의해 이 누군가가 그의 '생의 반려'임을 알게 되는 것이다. 즉 그는 그의 '생의 문제'와 관련해, 그의 지성은 알려 주지 못하는 것을 그의 무의식에 의해 알게 되는 것이다. 놀랍지 아니한가? 무의식의 지혜는 이처럼 우리의 존재에 가장 가까운 곳에서 언제든 찾아질 수 있는 경험을 통해 항상 자신의 존재를 드러내고 있었던 것이다. 우리는 이처럼 생명이 펼쳐지는 곳 도처에서 자신의 존재를 드러내고 있는 무의식의 지혜를, 다만 지성에 의해 투명하게 인식될 수 있는 것만을 진정한 앎으로 받아들이려 하는 우리의 의식의 습성으로 인해 알아보지 못하고 있었던 것이다. 우리가 우리의 내면 깊은 곳에 여전히 내재해 있는 무의식의 깊은 지혜에 귀 기울일 수 있게 된다면, 우리는 어쩌면 우리의 지성적 의식에 의해서는 알 수 없는 생명의 깊은 비밀을 알 수 있게 될지도 모른다.

IV.
마조히즘의 신비

1. 마조히스트의 환상적인 세계인식의 이유

그러므로 흔히 '무의식으로의 퇴행'이라고 규정되는 정신병리적 현상과 이른바 정상적인 사람의 마음 사이의 차이란 바로 여기에 있는 것일 수 있다. 대개의 인간은 그의 의식(지성적 의식)이 투명하게 인식하는 세계에 대한 신뢰와 안주에서 벗어나지 않는다. 그의 '자아ego'란 그가 신뢰할 수 있는 이 세계에 대한 적응에 초점을 맞추고 있는 것이며, 그는 자신의 정체성을 이러한 자아에 완전히 일치시킨 채, 이러한 자아를 방어하고 보존하고 확장하는 데 그의 삶의 모든 노력을 기울이고 있는 것이다. 그의 이 완강한 자아는 그가 투명하게 이해할 수 없는 어떤 심리적 교란이나 혼돈이 그의 이 안정적이고 확실한 세계를 침범해 오는 것을 허용하지 않으려 한다. 그는 자신의 전(全) 존재와 일치하는 것이 된 이 자아를 무의식으로부터 오는 정체불명의 교란으로부터 지켜내려 하며, 자신의 이러한 자아와 이 자아가 인식하는 세계를 '유일하게 참된 현실'로서 생각하며 살아가는 것이다.

하지만 마조히스트와 같은 정신병리자란 더 이상 제어불가능하게 된 무의식의 압도적인 위력 앞에 그의 자아의 이러한 자기방어 태세가 파괴되어 있는 자인 것처럼 보인다. 그는 그의 자아와 이러한 그의 자아가 인식하는 세계의 모습을 더 이상 지켜내지 못한 채, 그의 존재를 여과 없이 무의식의 위력 앞에 노출시키고 있는 것으로 보이는 것이다. 정신병리자가 겪는, 보통 사람으로서는 이해할 수 없는 심리적 불안과 고통, 누구나 힘들이지 않고 성공할 수 있을 것 같은 삶의 평범한 현실에 대한 적응의 실패, 보통 사람들이 경험하는 것과는 전혀 다른 세계를 경험하고 있는 듯한 그의 환상적인 세계인식과 이러한 세계인식으로부터 결코 벗어나지 못하고 있는 듯한 그의 격렬한 시달림이나 광적인 몰입과 도취 등등, 이 모든 것이 그에게 일어나고 있는 일이 그의 '자아'의 파괴임을, 즉 '보통 사람들'에게 '보통의 세계'를 만들어 주고 또한 이 '보통의 세계'에 적응할 수 있게 만들어 주는 저 '자아'의 파괴임을 말해 주고 있는 것으로 보인다. 보통 사람들이 그들의 '자아'가 인식하는 세계를 그들이 감당하고 적응해 나가야 할 '실제의 현실'로서 체험하는 반면, 정신병리자는 그의 이 '자아'가 파괴된 곳에서 그가 만나게 되는 세계를, 다시 말해 무의식에 대한 이 자아의 자기방어 태세가 해체됨으로 인해 그가 직접 무의식과 대면하게 됨으로써 만나게 되는 세계를 그의 '실제의 현실'로서 체험하며 살아가게 되는 것이다. 그리하여 무의식의 깊은 곳에 존재하는 가장 근본적인 소여인 상징(원형)이 '자아'로부터 오게 되는 어떤 견제에 의해 제어됨이 없이 그의 존재를 직접 사로잡게 되며, 이로 인해 그의 삶을 보통 사람들은 이해할 수 없는 '비현실적인 환상에 사로잡힌 미친 듯한 삶'으로 조형하게 된다. 이리하여 그가 체험하는 경험적 사건들이 이 상징으로 인해 발생하는 것이, 즉 그의 욕망과 이 욕망에 의해 일어나는 사건이 그것들보다 앞서 존재하는 이 상징(에 대한 인식)으로 인해 일깨워지게 되는 것이다. 보통 사람들이 '현실(실제의 질서)'이라고 생각하는 것 위에, 그것의 정당성과 지배력을 부인하는 환상의 세계를 겹쳐놓는 마조히스트의 **초현실주의적인** 자세, 혹은 보통 사람들이 '자연(자연의 질서)'이라고 생각하는 것 위에, 그러한 평범한 자연을 뒤집어야지만 실현될 수 있는 더 깊고 근본적인 자연의 모습을 겹쳐놓는 마조히스트의 **초자연주의적인**(혹은 **진짜 자연주의적인**) 자세는 바로 이렇게 해서 생겨나게 되는 것이다.

2. 정신병리의 두 얼굴

그러므로 '무의식으로의 퇴행'으로 특징지어지는 정신병리적 현상은 동시에 "두 가지 얼굴을 가지고 있는 것"[89]으로 보인다. 그것은 말 그대로, 보통 사람들이 공유하는 '정상적인 현실'에 대한 순조로운 적응을 방해하는 **병리적** 현상으로서의 얼굴을 가지고 있다. 정신병리자들이란 이 정상적인 현실에 대한 적응을 방해하는 불합리한 환상(망상)으로 인해 심리적 불안과 고통

---

[89] Deleuze. *De Sacher-Masoch au masochisme*, p. 12.

에 시달리고 있는 희생자들이며, 그러므로 상실된 그들의 '현실 감각'을 회복시켜 어서 빨리 '건강하고 정상적인 삶'으로 되돌아와야 할 '치유의 대상자'들로 간주되는 것이다. 하지만 만약 무의식의 깊은 곳에, 우리의 의식은 알지 못하는 중요한 것을 우리에게 일깨워 줄 수 있는 숨은 지혜의 능력이 잠재되어 있다면, 또한 '무의식으로의 퇴행'이 잊혀진 사적 기억들이 모여 있는 층위를 넘어 그 이면에 숨겨져 있는 이와 같은 깊은 곳까지 나아갈 수 있다면, 정신병리자들이 겪는 불안과 고통이란 보통 사람들이 외면하고 있는 어떤 무의식의 진리(무의식의 숨은 지혜가 알고 있는 진리)를 체험하고 있는 것에 대한 대가인지도 모른다. 그들이 겪는 고통이란 분명히 '자아의 붕괴'로 인해, 또한 이로 인해 일어나는 '현실 감각의 상실과 부적응'으로 인해 생겨나는 것이지만, '자아'의 지배력에 의해 억압받고 있던 무의식의 진리와의 생경하고 낯선 만남이 그들이 겪는 이 고통의 더 깊은 정체일 수 있는 것이다. 그러므로 정신병리적 현상이란, 그것을 유발하는 '무의식으로의 퇴행'이 사적 기억들의 층위를 넘어 집단 무의식의 깊이까지 내려가는 것일 경우, '정상적인 현실'에 대한 부적응과 실패라는 그것의 병리적 얼굴 아래에, 이 '정상적인 현실'에 의해 은폐되고 있는 더 깊은 차원의 진리를 만나고 있는 체험일 수 있다. 그것은 우리가 우리의 '자아'와 그것의 의식적 세계인식의 틀 안에 계속 머물러 있는 한 결코 알 수 없을 새로운 차원의 진리를 만나고 있는 경험일 수 있는 것이다.

마조히즘에 대한 그의 해석에서 들뢰즈는 정신병리적 현상 속에 숨겨져 있을 수 있는 이 또 하나의 얼굴의 가능성에 주목하고 있는 것이다. 정신병리적 현상들 중에는 '정상적인 삶으로부터의 일탈'이라는 부정적인 의미로만 해석되지 않을 수 있는 것이 있다. 정신병리적 현상을 겪고 있는 이에게서 일어나는 '무의식으로의 퇴행'이 만약 개인의 억압된 사적 체험으로 그를 데려가는 것임을 넘어, 그보다 더 깊이 숨어 있는 '집단 무의식'의 차원에까지 이르는 것이라면, 그는 오히려 '정상적인 삶'에 안주하고 있는 보통 사람들은 알지 못하는 어떤 깊은 진리를 체험하고 있는 것일 수 있는 것이다. 그러므로 어떤 정신병리적 현상은 우리 자신 속에, 우리 자신의 자아와 의식의 발달로 인해 소외되고 있는 다른 중요한 부분이 들어있다는 것을 알려 주고 있는 것일 수 있으며, 자아와 의식에 밀착되어 살아가는 우리 보통 사람들에게, 우리가 잃어버리고 있는 이 중요한 가능성을 재발견하도록 요구해 오는 것일 수 있다. 정신병리적 현상이란 이와 같은 소외된 부분이 자아와 의식을 위협하는 파괴적인 모습으로 자신을 드러내는 것일 수 있지만, 이러한 파괴는 '자아'보다 열등한 더 낮은 단계로의 퇴행이 아니라 '자아'를 넘어서는 더 높은 단계로의 전진을 위한 것일 수 있는 것이다.

3. 초개인적 · 초경험적 · 초역사적인 것의 개인적 · 경험적 · 역사적 차원에의 개입

들뢰즈에 따르면, 마조히즘에서 우리는 '무의식으로의 퇴행'이, 프로이트의 논리로 그 정체를 해명할 수 있는 다른 여러 정신병리적 현상들과는 달리, '사적 무의식'의 차원을 넘어 '집단 무의식'의 차원에까지 도달하는 경우를 만나고 있다. 마조히즘에서 우리는 결코 개인이 겪는 삶의 경험으로부터 연원하는 것이 아닌 ─그러므로, 또한 개인이 그의 삶의 역사를 통해 어떤 경험을 하게 되든, 그러한 경험에 의해 훼손되거나 망실되는 일이 결코 일어나지 않는— **초경험적이고 선험적인 것**이 (무의식으로의 퇴행에 의해) 활성화되고 있는 것을 발견하고 있는 것이다. 마조히즘이란 이와 같은 초경험적인 것이고 선험적인 것인 무의식의 원형(상징)이 그것의 출현에 의해 개인(마조히스트)에게 어떤 특정한 본능적 욕망이 생기도록 하는 것에 의해서, 또한 이러한 본능적 욕망을 실현하기 위해서는 무엇을 어떻게 해야 하는지를 그에게 알려 주는 것에 의해서 발생하는 것이다. 마치 유카 나방이 무의식으로부터 솟아나오는 어떤 원형에 대한 인식에 의해, 번식에 대한 본능적 욕망에 눈뜨게 되고, 이 욕망을 실현하기 위해서는 무엇을 어떻게 해야 하는지를 알게 되듯이, 마조히스트는 무의식의 깊은 곳에 상징(원형)으로 존재하는 '엄마와 관련된 환상'과의 만남에 의해, '엄마와의 근친상간을 통해, 그녀에만 의존하는 단성생식의 방법에 의해 새롭게 거듭나려 하는' 본능적 욕망을 가지게 되며, 이러한 욕망을 실현하기 위해 무엇을 어떻게 해야 하는지를 알게 되는 것이다. 마조히즘에서 우리는 초경험적인 것이고 선험적인 것인 무의식의 상징이 개인에게 어떤 특정한 본능적 욕망을 갖게 만들며, 그의 경험적 삶을 통해 이러한 욕망을 실현하도록 하는 것을 발견하고 있다. 즉 마조히즘에서 우리는 결코 개인적·경험적·역사적 차원으로 환원되지 않는 것이, 그것의 이와 같은 초월적인 성격에도 불구하고, 개인의 삶의 경험 속에 ―개인의 이러한 삶의 경험이 형성되도록― 개입할 수 있음을 발견하고 있는 것이며, 그러므로 개인의 개인적·경험적·역사적 삶이란 그것을 넘어서는 초개인적·초경험적·초역사적 차원과 ―즉 초월적인 운명 같은 것과― 연결될 수 있는 것임을 발견하게 된다.

4. 마조히즘의 신비, 그리고 그 너머의 문제

그러므로 마조히즘이란 무의식의 깊은 곳에 상징으로 존재하는 '엄마와 관련된 환상'이 마조히스트로 하여금 '지금 현재의 그의 현실적인 모습인, 여인을 감각적으로 탐하는 자연적인 모습에서 벗어나, 그것과는 다른 새로운 모습으로 거듭나려 하는' 본능적 욕망을 가지도록 하기 때문에 발생하는 것이다. 다시 말해, 마조히즘이란 이와 같은 상징이 '여인을 감각적으로 탐하는 〈감각적 육욕의 모습〉에서 벗어나, 그것을 넘어서는 〈초감각적인 모습〉으로 자기 자신을 변형시키려 하는 〈성의 자기변형 운동〉'을 본능으로서 불러일으키기 때문에 발생하는 것이다. 마조히즘이란 이와 같은 본능을 일깨우는 무의식 속의 저 상징의 존재로 인해 발생하는 것이다.

그런데 이와 같은 상징이 우리의 '집단 무의식' 속에 존재하고 있다는 것은, 즉 서로 다른 개인이 겪는 경험의 차이에 상관없이, 그러한 경험에 의해 훼손되거나 망실되지 않는 초경험적이고 선험적인 것으로, 또한 더 이상 다른 어떤 것으로 환원되지 않는 가장 궁극적인 것(무의식의 궁극적인 소여)으로 존재하고 있다는 것은, 이와 같은 '새로운 인간으로의 거듭남'이라는 것이 비단 마조히스트뿐만 아니라 실은 우리 모든 인간들에게 문제가 되고 있는 가장 근본적인 '삶의 과제'라는 것을 말해 주는 것이 아닐까? 마치 무의식으로부터 솟아나오는 어떤 원형(상징)이 번식기에 접어든 유카 나방으로 하여금 그것에게 문제가 되고 있는 '삶의 과제'가 무엇인지를 일깨워주듯이, 우리의 무의식은 이와 같은 상징을 통해, 저 '새로운 인간으로의 거듭남'이라는 것이 우리 모든 인간들에게 문제가 되고 있는 가장 근본적인 '삶의 과제'라는 것을 우리에게 알려오고 있는 것이 아닐까? 우리의 의식은 알지 못하고 있는 '생명의 깊은 비밀'을 알고 있는 것일 수 있는 우리의 무의식은, 우리가 이와 같은 '새로운 인간으로의 거듭남'이라는 과제를 해결하는 것이야말로 생명의 자기 전개와 관련해 우리 인간의 삶에 부여된 가장 중요한 과제라는 것을 우리에게 알려 주고 있는 것이 아닐까? 마조히스트가 그의 '자아의 붕괴'를 경험하는 커다란 시련과 고통을 겪음으로써 드러내고 있는 이 깊은 진실을, 자아와 의식에 충실한 우리들 보통 사람들은 다만 우리들의 무의식 속에 깊게 밀봉한 채 잊고 있는 것이 아닐까? 하지만 무의식의 이 상징의 초경험적이고 선험적인 성격은, 우리가 어떤 경험의 우여곡절을 겪으며 살든, 혹은 우리의 무의식을 외면하는 우리의 자아와 의식의 자기방어 태세가 얼마나 완고한 것이든, 결코 그런 것에 의해 흔들리지 않는 영원하고 불변적인 '삶의 과제'로서 이러한 '새로운 인간으로의 거듭남'이라는 것을 우리에게 요구해 오고 있는 것이 아닐까?

마조히즘의 정체가 이와 같은 것으로 밝혀질 때, 그것은 실로 놀라운 함축을 갖고 있는 것으로, 또한 이 놀라운 함축으로 인해 엄청난 문제를 불러일으키는 것으로 드러난다. 우리 인간에게는, 지금 주어져 있는 우리 자신의 현실적인 모습을 넘어서는 새로운 모습으로 거듭나야 하는 것이 근본적인 '삶의 과제'로서 요구되고 있다는 것, 이것은 바로 종교가 전통적으로 우리에게 말해 오는 것이다. 즉 종교의 존재이유란 이와 같은 '근본적인 자기변형'의 요구가 우리 인간에게 주어지고 있음을 말할 수 있는 데 있는 것이다. 하지만 오늘날의 지배적인 세계이해, 즉 우리의 지성적 의식이 발전시킨 과학에 의한 세계이해는 이 세계의 어디에서도 이와 같은 요구가 **실재함**을 발견하지 못한다. 오늘날 우리의 지성적 의식이 인식하는 세계의 모습이란 종교가 주장하는 이와 같은 요구를 결코 자신 안에 둘 수 없는 순전히 물질적인 세계이며, 그러므로 우리가 우리의 지성적 의식을 신뢰하며 살아가는 한, 우리는 종교의 저와 같은 주장이 세계 자체의 객관적인 본성에 관계되는 것이라는 생각을 결코 가질 수 없는 것이다. (그리고 종교가 이처럼 세계 자체의 객관적인 본성과 무관한 것이 될 때, 그것은 무엇을 위한 것인지를 알 수 없는 괜한 '나르시시즘적인 자기도취의 열정'을 부추기는 것으로 전락할 뿐이다.) 그런데 마조히즘은 이와 같은 '근본적인 자기변형'의 요구가 우리에게 주어지고 있음을 우리가 알게 되는 것이 결코 우리의 지성적 의식에 의해서가 아니라 우리의 본능에 의한 것임을 —즉 이러한 앎이란, 오로지 지성에 의해 투명하게 인식될 수 있는 것만을 참된 인식으로 받아들이려 하는 우리의 일반적인 의식에 의해서는 결코 제대로 접근하거나 이해할 수 없는 종류의 것임을—, 또한 이러한 본능적 앎이 가능하게 되는 것은 그러한 본능을 일깨우는 우리의 무의식이, 우리의 의식은 알지 못하는 '생명의 깊은 비밀'을 알고 있는 것일 수 있기 때문임을 생각하게 해 준다. 마조히즘은 종교가 우리 인간에게 저 '근본적인 자기변형'을 요구해 오는 것이 어쩌면, 의식의 관성으로부터 벗어나는 것을 추구하는 그것의 독특한 '의식 훈련의 방법'에 의해 —예컨대, 명상이나 기도 같은 수행에 의해— 무의식의 깊은 곳에 숨어 있는 지혜를 재발견할 수 있게 되었기 때문이며, 그리하여 이 무의식이 알고 있는 '생명의 깊은 비밀'을 재활성화할 수 있게 되었기 때문일 수 있음을, 그러므로 생명을 자신 안의 객관적인 실재로서 포함하는 이 세계(우주 전체)의 참모습에 대해 어쩌면 종교가 과학보다도 더 올바르게 이해하는 것일 수 있음을 생각할 수 있게 해 주는 것이다.

더 나아가, 마조히즘은 단지 이처럼 과학에 대한 종교의 복권復權뿐만 아니라 어쩌면 종교 자체의 매우 과감한 혁신마저도 생각할 수 있게 해 주는 것일 수 있다. 마조히즘이 우리에게 말해 주는 가장 놀라운 사실 중의 하나는, 우리 자신으로 하여금 지금 주어진 현실적인 모습을 넘어서는 새로운 모습으로 거듭나는 것을 추구하도록 하는 것이 바로 우리 자신이 가진 가장 자연적인 본능인 성(성적 본능)이라는 것이다. 성은 우리 자신을 자연에 속하게 하는 것이며, 우리 자신 속에 들어 있는 내적 자연인 이러한 성을 통해 자연 자신이 자신을 전개해 나가는 것이다.[90] 그런데 마조히즘에 따르면, 이러한 성적 본능은 바로 무의식 속의 상징인 저 '엄마와 관련된 환상'에 의해 일깨워지는 것이며, 그러므로 이러한 성적 본능이 본래 추구하는 것은 저 환상이 지시하고 있는 것, 즉 지금 주어진 현실적인 모습인 '감각적인 육욕의 모습'을 넘어 '초감각적인 모습'으로 새롭게 거

---

[90] 즉 성(성적 본능)이란, 우리 자신을 넘어서는 광대한 존재인 자연 자체가 그것의 일부인 우리 자신에게 불어넣는 자연적인 성향이며, 그러므로 우리 자신 속에 들어 있는 '내적 자연'인 이러한 성을 통해 자연이 자기 자신을 전개해 나가는 것이라고 할 수 있다.

듭나려 하는 것이다. 우리를 자연에 속하게 하는 것인 이러한 성적 본능이, 즉 우리가 가진 가장 근본적인 본능이며 가장 자연적인 본능인 이러한 성적 본능의 진정한 모습이, 바로 이와 같은 '근본적인 자기변형'을 추구하는 것이라는 것, 이것은 우리 자신 속에 들어 있는 내적 자연인 이러한 성적 본능을 통해 자기 자신을 전개해 나가는 것인 자연 자체가 바로 본래적으로 자기 자신의 '근본적인 자기변형'을 추구하는 존재라는 것을 말해 주는 것이 아닐까? 대부분의 종교에서 성은 '근본적인 자기변형'을 추구하는 우리의 영성靈性: spirituality을 방해하는 저열한 것으로 인식되며, 그러므로 성과 영성은, 또한 자연(성)과 영성은, 서로를 부정하는 대립의 관계에 있는 것으로 간주된다. 하지만 마조히즘은 성과 영성은 곧 일치하는 것이며, 영성이란 자신의 현실적인 모습인 '감각적인 육욕의 모습'을 넘어 '초감각적인 모습'으로 새롭게 거듭나려 하는 성의 본래적인 모습을 가리키는 이름일 수 있다는 것을 말해 주고 있다. 성과 영성은 서로 대립되는 것이 아니라, 바로 자신의 현실적인 모습을 넘어서려 하는 '근본적인 자기변형'을 추구하는 것인 성의 본래적인 모습이 영성이라는 것, 그러므로 우리는 성적 본능과 욕망

에 대한 폄훼와 부정에 의해서가 아니라 오히려 그것이 본래적
으로 요구하는 것에 대한 긍정과 실천에 의해서 영성의 실현에
이를 수 있으며, 또한 성의 요구에 대한 이러한 실천은 바로 그
것에 의해서, '자기 자신의 근본적인 자기변형'을 지향하는 자
연 자체의 영적 본성을 실현하게 된다는 것, 마조히즘은 기존
종교의 오랜 통념을 전복시키는 탄트리즘tantrism(밀교)의 이와
같은 혁신적인 주장의 진실성을 재발견하도록 하는 것일까? 실
로 마조히즘을 통해서 발견되는 성의 모습이란, 매우 놀랍게도
전혀 예기치 못했던 이 비의적인 종교의 세계로 우리를 이끌어
간다. 탄트리즘은 매우 다채롭고 실험적인 사유의 모험을 선보
여 온 불교나 힌두교의 사상사 내부에서조차도 곧잘 ―흔히 '좌
도밀교左道密敎'라는 이름하에― 불온한 외도外道의 탈선으로 간
주되어 배척받아 온 위험한 사상이다. 하지만 마조히즘에서 발
견되는 '(초)자연주의'는, 혹은 마조히즘이 '성의 자기변형 운동'
을 통해 말하고 있는 '자연의 두 얼굴'은, 실로 분명히 자연과 우
리 자신의 성적 본능에 대한 탄트리즘의 이해와 매우 깊이 공
명할 수 있는 것인 것으로 보인다. 즉 우리 자신의 성적 본능이
여인을 감각적으로 탐하는 것에서 벗어나, 그러한 남성적인 성

애의 방식을 초월한 '새로운 인간'으로 거듭나는 것을 추구한다는 것은 분명히 자연의 지배력과 정당성을 부인하고 그것을 넘어서려 하는 것이지만, 하지만 성적 본능의 이러한 '탈脫-자연운동'은 또한 자연 자신이 자기 자신의 현실적인 모습 아래 깊이 감춰 두고 있는 '자연 자신의 진정한 모습'을 드러내는 것이기도 하다는 마조히즘의 사고와, 자연이란 그것의 깊은 차원에서 실은 영적 본성을 가지고 있는 것이며, 자연의 표면적인 모습 아래 숨어 있는 '이 깊은 본성'을 실현하는 것은 바로 우리 자신의 성적 본능의 본래적인 모습을 재발견하고 그것이 진정으로 요구하는 것을 실천하는 것에 의해서 일 수 있다는 탄트리즘의 주장은, 자연과 우리 자신의 성적 본능에 대해 실로 놀랍도록 동일한 이해를 가지고 있는 것을 보이는 것이다. 자연의 참모습이란 정녕 탄트리즘이 말하는 이와 같은 것이며, 마조히즘이란 자연의 이러한 참모습이, 그것의 자기표현일 우리의 성적 본능의 운동을 통해 자신을 드러내고 있는 현상인 것일까?

마조히즘에 내포되어 있는 이와 같은 놀라운 함축, 하지만 이 함축이 말하는 것이 정말로 진실이라면, 우리는 우리의 성과 생명과 우주 전체의 진짜 정체에 대해, 과학이나 주류 종교가 말하는 것과는 매우 다른 이해를 가져야 할 것이다. 이 함축이 말하는 것이 정말로 옳은 것이라고 주장할 수 있으려면, 우리는 이 모든 것에 대해 과학과는 매우 다른 새로운 이해를 구축할 수 있어야 할 것이며, 과학에 맞서 이러한 새로운 이해의 정당성을 정밀하게 옹호할 수 있어야 할 것이다. 마조히즘이란 우리를 고통스러운 시험에 빠뜨리는 이토록 엄청난 문제를 우리 앞에 불러오고 있는 것이다.[91]

---

[91] 들뢰즈 자신은 마조히즘에 대한 그의 이론에서 이 문제에 대한 해결을 떠맡으려 하지 않았기에, 우리는 몹시 서툴고 어려웠지만, 스스로 이 문제를 해결해 보려고 노력하였다. 이에 대해서는 『성·생명·우주: 마조히즘에 대한 들뢰즈의 이해로부터 탄트리즘의 재발견으로』(조현수 지음, 세창출판사, 2019)를 참조하기 바란다.

[세창명저산책]

세창명저산책은 현대 지성과 사상을 형성한 명저를 우리 지식인들의 손으로 풀어 쓴 해설서입니다.

· 세창명저산책은 계속 이어집니다.